U0032207

這樣拜土地公才有效

暢銷書《這樣拜才有效》作者，助您發財最新力作

王品豐（ㄌㄧˇ）著

定時奉拜土地公，助您吸金、納財、業績夯！

不管是開店做生意、上班族求財，為何都要敬拜土地公？小小的土地公有何神力？為何求財求業績都找祂？

土地公正名為福德正神，神階不高但神威顯赫，更是賜財、運財、掌管財富配送的重要神祇，一旁的虎爺大將軍還能招貴人除小人，提升業績無往不利！

若想提高業績、脫離經濟困境，到底怎麼拜土地公才有效？本書教您有順序的稟告方式、條列該準備的四品禮物，助您順利得蒙庇佑，請福德正神運財入袋！

土地公是幫你運財的人間提款機

土地公的正名是福德正神。

記得大約是小學一年級的時候，雕神像的姨媽送了一尊粉臉白鬚神像給我們家，祂頭戴帽冠手托元寶，臉上充滿祥和與慈悲，那是我第一次知道「土地公」這個神稱。

孩提時的我對神像總是有一種莫名的好奇與好感，當家人睡覺時，我偷偷的起床望著神桌上初來乍到的土地公，不知爲什麼心裡是一陣的愉悅，就好像感覺到有一個像爺爺般的老人家住進我家。我望著祂出神了許久，心裡想著老爺爺要是會開口就好了，就在這剎那間我似乎看見了土地公睜開眼睛望著我，嘴角也對我笑開了！我吃了一驚，眨了兩次眼確認祂正張著眼睛微笑的看著我，我的心一陣猛顫，連滾帶爬的跑回房間蒙著棉被，生怕老人家也會跟著我進房……

這已經是幾十年前的兒時趣事了，但直到現在仍讓我記憶猶新，當時土地公對我睜眼張嘴微笑的畫面，至今仍是我與祂之間最美的祕密。

媽媽對祖先和土地公拜了將近一甲子，剛開始的時候媽媽也不知道該怎麼拜土地公，只知道早晚各上一炷香。有一天，媽媽做了一個夢，夢見一位拄金色楞杖的老人家說：「清清也好、有蒂頭的也好、簡單燒一些也好！」三個「也好」讓當時門外漢的媽媽一頭霧水，剛開始媽媽也不以爲意，也沒去深究夢的意義（那時候誰知道什麼叫「托夢」？）但隔天又做了同樣的夢，媽媽幾乎已經可以確定是土地公的模樣了，心裡卻納悶著不知該問誰？正巧雕神像的阿姨到我們家來，聽了媽媽的話，大笑說：「清清是說給祂喝杯水也好，有蒂頭是說祂要吃水果，簡單燒一些是祂要紙錢……」這時我們終於理解了「曖昧」的神諭。

神「曖昧」並不是因爲神客氣不好意思要求，這個道理我是很多年後才想通的，其實神根本不需要什麼有形的物質，祂要的是被人供養時，那個供養祂的人的那一點誠心和敬意，有了這一點點的誠心敬意，祂就可以逐漸累積祂的功德，未來可以提昇祂的神格，而祂要的那些東西只是爲了將來可以幫助祂的家人；對家神來說，家裡的人就是祂的家人。

土地公在我家幾十年間，默默的幫了我們很多事。民國八十六年時我遭遇極大困難，媽媽擔心得食不下嚥，有一晚媽媽夢見土地公跟她說，叫她別擔心我，祂會幫我度過難關，媽媽問祂：「祢哪裡有錢？」土地公說：「我有很多，都是妳平時燒給我的！」

那時聽到媽媽說這個夢時，我心裡一度非常雀躍，想說有土地公的幫助之後，我就可以馬上獲得紓困了！然而事實並非如此，我想很多人都會和我一樣，以爲神說會幫助你的意思，就是幫你解決所有財務問題，順便再送一筆可觀的安家費……當時的我的確是這麼想的，但這麼多年後，我慢慢體會到**神在**

不干預業力的原則下，總是會見縫插針、遇洞灌水的在暗處幫助我們，慢慢的引導直到運開，祂才會功成身退。

瞭解這個道理後，我對家裡的土地公崇敬之心更是油然而生，我體會到四、五十年來，媽媽燒給祂的紙錢，祂就像儲蓄般的留存下來，當家裡每一個人需要祂的幫助時，祂就會把祂的存款一一領出，轉化爲新台幣援救家裡的人。

對我來說，土地公就像我的提款機，但現在我卻更精準的把土地公當成存款機，每月定時定額存款（燒紙錢），以便讓土地公手上有充分的資源可以幫供拜的人轉化有形錢財。

土地公的正名應該是「福德正神」，但在古時農村社會，爲求農耕平安順利，所以幾乎都會在自家的田地上蓋一座小小的土地公廟，請祂保佑五穀豐收，因此，早期農業社會才會有「田頭田尾土地公」的說法。而土地公的普遍化，也象徵祂與社會大眾無距離的親切接觸，有些人稱祂爲土地公，有的人稱祂爲「伯公」，感覺上就像回到農業社會時代，不期然的遇見了在大樹下乘涼的鄰居伯公般的親切。

別以為小小的土地公沒什麼作用力，如果懂得尊敬並向祂祈求，往往得到的效果是很讓人刮目相看的。對我來說，祂的「神威」讓我在祂的面前不至於膽顫心驚，祂總是笑瞇瞇的看待世人，慈眉善目中透露著圓融與知足的神態，彷彿天大的事情祂都會告訴你：沒關係，慢慢來。

土地公雖是小小的一個神職，但祂所司管的事情卻是體系繁瑣，如果天地間的神祇都各有所職，土地公則是通天達地，直接承天載地貫穿時空的神吏，因此嚴格來講，土地公還可細分為「天富土地公」和「地藏土地公」。就開啓財運來說，「天富」負責開啓先天財運，「地藏」負責運送後天財，何謂「先天財」何謂「後天財」，請容於書中解釋。而就像先前所寫的拜拜書一樣，要請土地公幫忙開展財運、開財庫，除了必備的「三心二意」之外，仍然有必須的程序方法，才能產生高效率的拜拜神蹟，當然其中的紙錢媒介是絕對不可少的。

就像對每尊神明的禮敬一樣，對土地公的恭敬心意若能上達天聽，慈悲多金的土地公從不吝惜幫助每一個向祂祈求的人，但就像我之前寫過的三本拜拜書一樣，祈求神尊並不只是為了達到個人的目的，任何一個人獲得聖靈的幫助之後，務必感念該聖靈的眷顧，並以祂之名行功造德，彼此互相提攜以求互相圓滿。

一系列的拜拜書撰寫至今，方法雖然有些不同，但是求神解困的心態大致來說是不變的。神尊並不是拿來當作敬畏的工具，如果心存「敬意」何來「畏懼」？心存敬意是出於對宇宙聖靈的崇敬，但如果要求神靈幫助，除了心意之外，當然也要自己身體力行，**神靈給的是機會，並非憑空幫你變出一堆現金供你予取予求**，而是在陰陽串流的過程中，慢慢地幫你累積善因善果，締造出屬於你自己的財富，包括事業、金錢、健康、感情等等，千萬莫把財富以金錢的多寡來衡量了。而這個「土地公牌」的提款機，透過你的誠心膜拜之後，吐鈔口吐出來的不僅僅是金錢，更會是驚喜不斷的「幸福」。

因爲與土地公結緣甚早，並受其庇佑匪淺，一直以來便希望能有機會把神奇的土地公介紹給大家，如今本書付梓，總算得償夙願，也藉本書祈祝土地公伯仔大展神威香火鼎盛，憑其福德讓眾人同霑德澤。

王品豊

二〇一一年於上海

目錄

第一章 土地公是天地運財之神 ……061

第二章 如何向土地公求事業運 ……107

第四章 如何向土地公求財運

最親民的伯公神

- 土地公的正名是福德正神
- 不用神像也能拜土地公
- 初一、十五和初二、十六求財日
- 宜蘭金土地公的神蹟

在證券公司從事營業員的朋友小童，有天愁眉不展的說，她因爲一時失誤，把一位阿婆的私房錢通通賠進股市裡了。當初阿婆一再跟她說，這些錢是她的老本，無論如何都要幫她守住！面對阿婆的耳提面命，小童信心滿滿的跟阿婆保證年底一定讓她笑呵呵，但事情的發展往往出人意表，小童不僅賠光了阿婆的老本，甚至連自己、媽媽的私房錢也都盡數陪葬了。

年底時，阿婆對小童說了一句話，讓她慚愧的幾乎要跳樓！阿婆說：「賠了就算了，我再來存！」阿婆的話化成一道無形的金光，光裡只見到阿婆一張強顏歡笑的老臉，有惋惜有失望有諒解，對小童卻沒有半分的責備。

這晚，道德心的譴責讓滴酒不沾的小童在KTV裡啜飲紅酒，在五彩燈光吵雜的歌聲中，她半哭半笑著，她形容自己當時像個半人半鬼的瘋子，當她在情緒瀕臨崩潰的同時，媽媽打電話來了，劈頭就問她親朋好友的錢該怎麼還？還不了是不是母女倆橫屍街頭以死謝罪？小童在電話那頭傻愣的說不出話來，朦朧中阿婆的臉龐映現出來，那時她好想對著阿婆說：「媽媽，對不起！」而電話這頭的親生母親卻活像錢莊派來的勾魂使者。

據說，被冤枉、被打壓、無法升遷的人大都會選擇跳樓輕生；被栽贓、揹債務、挪用公款的人，大都選擇跳水逃避……無論是哪一種死法，其實都不是明智的選擇，無論是站在人道立場或是輪迴的立場來說，台灣在經濟最衰微時，也曾經歷這種如傳染病般的自殺潮，所幸並未造成如日本一般不可收拾的局面。而今，經濟發展中的中國，似乎也面臨著這股自殺潮的威脅，只是，面對困難時選擇自殺作爲最後的逃避方式，絕對是最不負責任的方法。

有句話說：「只要錢能解決的事都是小事。」人如果把自己搞得玉石俱焚或是行屍走肉般，沒有求生意志、沒有賺錢動力，那麼如何能賺取應有的「錢財」去解決所謂的「小事」？相較之下，身體沒了、靈魂遊蕩在虛空中不知何去何從，似乎才是天大的事。以前和某些專家在觀落陰時，都會發現當法師們把自殺者的靈魂呼請回到陽間後，每每問他們有生之年最後悔莫及的事情是什麼？大部分的「人」都會哀慟欲絕的回答，他們不該放棄自己的身體。

人身難得啊！就輪迴的序列來說，一個人要重新投胎輪迴至少要等待三百六十年，在這漫長的歲月中，靈魂們四處飄盪居無定所，也難怪這些自裁的遊魂，異口同聲的說他們最後悔的事情莫過於放棄自己的身體讓自己停止呼吸。

但話說回來，「只要是錢能解決的都是小事！」而這錢如果是憑自己過人的機智、超人的專業技能無法賺取時，「賺錢」就不只是小事而已了！社會上有很多頂尖拔萃的人，往往具備了專業才能，卻因缺乏機運的平台，使得他們每每有懷才不遇、或是遇人不淑的感慨，即使自己再如何的兢兢業業，也很難將自己辛苦的付出化做有形的錢財，並流進自己的口袋。

小童就是一個範例，她畢業於台灣最好的大學、擁有最完整的理財資歷，她原本應該如人所羨慕般，過著比別人更幸福的生活。然而事實不然，那時的她正飽受決策失誤的後果，痛苦的企圖結束自己的生命，幸好她當時沒這勇氣（她自己說的），於是才能留下一條小命，再給自己一個機會找出柳暗花明的出路。

就像拙作《這樣拜才有效》、《這樣拜才有錢》、《好神引導，一拜見效》的內容一樣，我帶著她開始尋找她的師尊，從三赦、三庫開始逐步尋找解套的方法。剛開始她也跟大部分心急如焚的人一樣，總是幻想著接到師尊補好財庫之後，鈔票就會如雪花般的飛到她面前。但事實上，**用對方法拜神祈求，所祈求的並不是真正的錢財，而是給你一個適當的機會，以便讓你的才能在良好的機會中得以展現，以你的才能換取你想要的錢財。**

神所賜予的機會平台，包含：可以讓你全力發揮實力的場所，不管是打工或是自營；爲你引進可以給你機會的貴人；爲你平息與小人間的業力關係；當財運來時，以祂的功德力和你自己的能力，爲你增進一加一等於二的收穫。

因此，在我拜神的經驗中，如果抱持著正確的觀念，不要用以逸待勞的投機想法，而是在獲得神佑之後，以更積極、更樂觀的態度來經營自己的事業，往往獲得的收穫都會超過自己的想像。但此時也不應淫逸驕奢，更應感念神尊的慈悲幫助，而以其名行功造德，讓自己當下的富裕，因惜福與感恩而繼續發揮綿長。

小童就這樣毫無怨尤的拜了三個多月，隔年的農曆二月初二土地公壽誕時，我們又去請土地公補財庫、進財庫和天地運財，就在回家的路上，小童接到一位潛在客户的電話，對方同意小童幫她操作一筆資金，且隔天就會將現金匯入，但條件是客户要自行決定買賣時間，而小童應得的佣金也如數支付。換言之，小童不需要承擔任何盈虧風險，卻仍然有一筆可觀的佣金入帳。

小童掛完電話，在車上半天說不出話來，許久後才對我說：「客户如果每月買賣一次，你知道我的佣金至少有伍十萬？」

本來是要驅車回台北的，因爲這臨時從天而降的喜事，我們再度折回土地公廟，她也買了許多的四品禮物，隆重而至誠的對土地公千叩萬謝。

小童的故事其實也發生在許多人的身上，有時候看一個人被神眷顧有求必應，並不是去羨慕他得到多少財富，或希望自己也跟他人一樣甚至更多，而是應該去深入觀察他在拜神的過程中，是抱著什麼樣的心態？是不是持之有恆的執行？是不是有一顆「傻不愣登」的誠心，沒有質疑的一直深入？幸運和奇蹟通常都會很公平的對待每一個人，端看你能否堅持到最後一秒鐘。內心如果有怨懟、妒忌、瞋恨……想要幫助你的神明只能等待你慢慢將這些「毒素」平息後，才有辦法施展祂的神威幫你心想事成。因此，有句話說：「態度決定高度」，拜拜也是相同的道理，當你學會欣賞他人、祝福他人、珍惜自己、尊重他人時，拜拜所祈求的神威顯赫，才會在此時如電光火石般的迸發。

本書撰寫的內容是以介紹土地公的神威為主，當中也要輔以其他三本拙作的內容同時進行，在求取功德財時才能事半功倍。而為什麼要這麼做？什麼是功德財？神尊如何幫你轉運功德財等等的理論，未來將另著一書為大家一一解釋清楚。

土地公的正名是福德正神

在民間的信仰中，道教諸神大約可分爲自然神、敕封神、感恩神。自然神是道家最早膜拜的對象，人們透過對日月山川的畏懼與感念，於是產生了「神」的崇拜意識，這當中包含如太陽星君、太陰星君、地母、金母、玉皇大帝等等，通常祂們都是沒有任何的形體，或是曾經在世爲人過，在道家的眼中祂們屬於天地純正之氣，自然生成運行四季。

這裡說的道家並不是指道教而言，道教和佛教、基督教一樣，均屬於宗教的團體，有他們的教規約束教徒。而「道家」是指不入教門的人，卻同親宇宙自然能量，從中擷取天地日月精華、並與天地共存的一種天人合一思想。

「道」非宗教思維，而是指天地間的自然順序，不悖天理而得天助，不違地規而獲地養，自然而成沒有教規沒有恫嚇，將自己很自然的融爲宇宙一體，這就是道家尊天、崇地、孝親、敬祖，天下一家的自然道法。

自然神在道家的眼中是至高無上的，是天地運行中的「本道」。所謂「本道」，就是指天地自然之氣，老子《道德經》中說「道法自然」，意思是說一個人如果要學習修練自己的身心靈，應該要以天地間的純然本氣爲師，才能達到精進、提升的目的。而就修行的目標來說，其地位如同佛家所說的藥師佛、阿彌陀佛等等，不同的是諸佛的名號、所爲、願力均是出自釋迦牟尼之口。而人們對道法的自然神是出於對天地之炁（能量）的崇敬，並且相信人的吉凶禍福全憑與該炁的順逆有關，因此才產生對自然神的敬畏。

而封敕神則是政治操作下的神祇，在中國封建時代，強權統治者挾天命以天子自居，聲稱自己爲老天之子，代理老天統管人間，既然皇帝要有個爸爸才稱頭，於是創造了天父的神祇，號稱統管三界，而皇帝小兒則是自居爲天父的兒子，賢則蒼生之福，虐則黎民之苦，但皇帝的爸爸經過改朝換代之後，雖然老戲碼重複上演，同樣是以天父小兒自稱，但是實質的神祇也會被更換取代。

例如漢劉邦謀定天下，尊玄天上帝爲天父，唐盛以後，玄天上帝被從天父的寶座上請下來，因爲那是前朝之父，新的天父就是現在香火鼎盛的玉皇大帝。

有些神祇也是在封建時代，鑑於民風不振盜賊四起，當權政府爲提倡忠孝節義的精神，特別的追封某些神祇以供教化民心。例如：三國中的關雲長被褒揚爲關聖帝君，藉此諷頌義薄雲天精忠報國；又如東華帝君，原本是道家全眞教祖師爺，因弟子說法有功，被元朝聖祖成吉思汗敕封爲「東華帝君」以饗人間煙火；再者媽祖因屢屢救濟眾生於荼苦，在宋朝或明朝時，數次被歷朝皇帝敕封爲天妃或天上聖母，在華人地區香火不斷、名聲不墜。

至於「信仰神」，泛指一般受人供拜享受香火、調理陰陽的神祇，例如新莊大眾廟裡的大眾爺。最早的時候，原本只是該地的無主孤魂，後因靈感顯赫受許多人的供拜祈求，演變成如今所謂的陽神；或是新竹的義民廟，義民爺原本也是無主孤魂，後秉承天命行造功德，至今也是香火綿綿。

「信仰神」大都是匡扶社會百姓有功而受人景仰，因此立廟膜拜。這一類的神祇很像是流浪漢出身，憑自己的努力賺取功德而成就金身（富豪），所以說，**人努力賺錢求翻身，神努力功德求神格**，道理都是一樣的，唯獨人必須要自省，神都要找到機會再去努力張羅，何況區區的我們？求神並非讓你無中生有，跪在神的面前妄求金錢富貴卻不事生產，深知因果業力的神尊也只能搖頭嘆息。

道教的神尊大抵來說可粗分爲此三類，但是也並非全然的分門別類，有些是自然神又被敕封神號，或是信仰神也因有功受帝王封謚。而本書專論的土地公，比較特殊的地方，在於祂既是自然神也是敕封神也是信仰神，「土地公」一詞只是一個泛稱，另一個正式名稱則是「福德正神」。

雖然同樣都稱爲「土地公」或「福德正神」，但是每一位土地神祇司職的工作是不同的，最基本的分法是「天富福德正神」和「地藏福德正神」。對奉行這樣拜才有效的「啵比團」來說，不同的土地公有不同的作用和求法，這是撰寫本書的目的，同時也是花了諸多篇幅撰寫神祇分類的原因。現在，我們就根據不同的需求，一方面介紹福德正神給大家認識，一方面讓大家瞭解如何請土地公（福德正神）幫你吸金最有效。

吾是三皇五帝后土之臣，本境真君，順天之志，開蒼辟地之炳，引人拓植必配乾坤，喚醒愚民，墾荒教導諄諄，人人敬我，我愛人群，有人問我名和姓，凡是共工氏之子，炎帝子孫句龍，立志精忠威靈淳淳，後世人德高望重，敕封福德正神，鎮守金域管護社稷，保佑四境生靈，流傳陶虞，匡扶演正，鑒察人間善惡，直轄各處土治，驅邪縛命，鎮壓鄉里之妖怪，掃庄中之魔精，保障水口惡煞，靈應不相爭，若人誦吾經，合境保平安，道路保安寧，士人步青雲，亡人早超生，婦孺老幼，宅舍得通亨，六畜並棲稠，千千萬萬盡旺生，商人念此經，積貨倍百年，營業興隆猶昌盛，每月初二並十六，虔誠來奉敬，庇佑事業發展，財多福不輕，工廠場地有供奉，營運工務定興盛，八月十五神壽誕，農家漁民都歡迎，水上船隻得風順，浪靜厚利真光榮，農村作物多如意，五穀大豐登，汝等眾生聽聞，二月初二是加昇，封為福德正神，金經寶訓一卷，句句詳明，奉勸凡民立善心，切莫逞強施偽傾，步步皆行平等事，是是非非要和平，若是不敬吾福德，妖魅交纏禍不輕，勤奉吾經訓，福祿則來臨，賜汝子孫並後代，代代金榜早題名。

讚曰：

富貴有門人莫疑，福神喜報汝先知，多多做善多多好，好宅好田好子孫，世代光昌誰不愛，皇天命我鑒時時，家家有德家家振，撥禍消災默轉移，壽算可添分數理，功名可造學為期，祖宗庇蔭留餘慶，苦樂前生報應宜，土地人民歸掌察，分毫賞罰不差絲，去來本是吾先導，速做陰功免受悲，第一人間孝為先，清操勵節感蒼天，炎涼世態何須問，密裡靈台要保全，世世投胎恩怨成，做完恩怨自分行，福神譜出深情曲，解盡愁懷聽一聲，愁懷脫離上青雲，樂園奇花馥郁芬，醉詠玉樓圓月皎，霞衣五彩唱仙群。

以上這篇粗黑楷體的文章就是一般人耳熟能詳的《福德眞經》，顧名思義就是福德正神的經典，內文淺顯易懂沒有生澀的詞藻，顯而易見這篇眞經應該是出自近代人之手，雖然有些內容仍然脫離不了宗教的慣有說詞，但是經文中的前面幾句已經清楚的點出土地公的自我介紹：**「吾是三皇五帝后土之臣，本境真君，順天之志，開蒼辟地之炳……有人問我名和姓，凡是共工氏之子，炎帝子孫句龍，立志精忠威靈淳淳，後世人德高望重，敕封福德正神……」**

以上兩段文字點出土地公的「家世」與「社會地位」，祂說祂的老闆是三皇、五帝、后土的大臣，三皇五帝是誰眾說紛紜，在此可將祂們視爲是中國人共同的老祖先，后土指的是地母，從古時的封建體制來說，也可視爲是後宮的皇后，也就是說土地公的工作，是受到皇帝和皇后的敬重，因此自古以來歷代君主均以土地公爲臣，向其請教治世之道。

小小的土地公又有什麼治世之道？只因土地公是兼具福與德之人，因此才會受帝王、帝后的尊重，因此禮遇爲朝中大臣敬重三分，其威權和受敬重的身份地位可想而知。

那麼土地公又是怎麼來的？祂的家世爲何？經中說祂是共工氏之子、炎帝子孫句龍，根據山海經的記載，共工氏是炎帝的後裔，廣義的來說，土地公自稱是炎、黃子孫，因爲廣重福田德養萬物，所以受人敕封爲「福德正神」。

根據以上的經文詮釋，可以把土地公福德正神理解爲匡扶社稷有功、造福鄉里的人，在死了之後因後人感喟德澤，因此奉爲福德正神。

有關於「福德正神」的註解，也在佛教經典《法華經》中出現，經文的大意是說有福、有德者是爲福德正神，受天地同讚、神人共欽。

那麼，福與德究竟要多大才能成爲福德正神？感覺上福德正神或是土地公的神階，很像清朝最盛行的「捐官」，只要花點小錢就能買到一個九品芝麻官似的，也因此，許多人並不把土地公放在眼裡，和大廟裡的丈二大神相比，土地公實在渺小的如微塵沙粒，但事實上是否如此？

從因果論來說，福是果，德是因，有因才有果，德字在說文解字的解釋爲

「育養萬物之功謂之德」，有德者可得五福：長壽、富貴、無病、子孫滿堂、善終，以此來說，要成為受人供拜的福德正神，必得畢生從事慈善功德才能成就神格。這時我們不妨捫心自問一下，自己的所施所為是否能當上福德正神這種「小官」？如果以功德作為衡量神格的大小，有許多的神尊其福與德尚不及福德正神土地公呢！

不用神像也能拜土地公

德有分大德與小德，因此成就了不同的土地公、福德正神、后土等等的神格。只是不同神格的土地公司掌不同的職務，例如有些土地公負責運財、有些土地公具有賜財的能力，有的則負責看管財物或是守護靈魂體。但不管祂們此刻的身份是什麼，每一位土地公都是兢兢業業的力求向上提升，如同每一個人都極力想在社會族群中出人頭地一樣，因此，人與神都是一樣的道理，努力是自己要去做的，榮耀與成就是自己的，財富絕不是向某一個人或某一個神求來的，而是透過他們給予你機會，你自己務實耕耘所得。

每當站在廟堂裡面對高大的神像時，人們敬畏之心總是油然而生，但是，有時想一想，人們爲何對神產生敬畏心？大部分的原因是對神有所求，求財求事業、求婚姻、求健康……人們想求的很多，怕神不給予，所以對神畢恭畢敬。有句很時髦的話說：「態度決定高度」，但我個人認為態度取決於你的起心動念，對神的敬畏應該是出於緬懷神的德澤，並期許自己也能如神般的己達達人。因此，敬畏心是出於崇敬之心而不是出於乞求之心，若是能夠調整敬畏的心態，則不僅所求的事更能事半功倍，同時，也能在祈求的過程中感念神恩，學習人格提升到神格中的悲憫行為。

很多人求神必須到指定廟宇，但是，求土地公顯然方便許多，拜土地公不需要非神像不可，有很多香火鼎盛的土地公廟或福德廟，往往只是一顆繫上紅巾的石頭。在南部鄉下田頭庄尾的小小土地公廟，面積半坪不到裡面空無一物，只是用泥巴塑出一具勉強看得出是人形的樣子而已，但每到節日，小廟前依然擠滿膜拜的人。而在都會區中，商家每到農曆初二、十六，總是在店門口擺上供品、紙錢，憑空遙請土地公聞聲送財、庇佑生意興隆。

在大家的觀念裡，土地公是最沒有架子的神，不管有形象或無形象，人們對祂的定位宛如鄰居阿伯或家裡的慈祥長者。小孩子如果跟父母要不到錢，通常就會跟家裡的阿公、阿嬤要；小孩子如果被父母責罵了，通常安慰你、幫你擦乾淚水的都是鄰居的阿伯、阿婆。因此，土地公的存在就像是見證了古時農業時代的人情味般，時代受政治、經濟、人性的改變而變遷，而土地公所代表的人情味卻一直都是原汁原味，從古時留傳至今不曾改變。或者應該說，人們在不自覺的情況下，對於土地公的依賴從來不曾消失，在人們隨著年紀潛藏越深的赤子之情，只有在面對土地公時，才能卸下心防的浮上心頭。

土地公的神格源於有福、有德，因此地位崇高，但祂也極爲貼近人情，眞心誠意的想供奉祂，假如受限於經濟條件無法幫祂打造金身，即使是一張紅紙書寫福德正神之名，誠心供拜，祂也會感念你的心意聞聲而至，即使沒有造價不斐的神桌，一方小小的桌子祂也能自在安然不減神威。

在大陸時遇見一位開公司的大陸老闆，那一陣子他的公司業務進不來，表面上似乎有許多案子即將到手，但事實上卻是懸在半空中下不來。他很苦惱地去了幾次寺廟求佛也不見太大效果，大陸人雖然有心拜求，但是對於拜拜的方法和禮俗仍然很模糊，只會跟著他人拜也不知所以然。某次閒聊時，與他聊了一下佛與神的差異性，一般來說，佛是幫修行者沉澱業力，或是爲即將往生的人接引到祂的淨土修行，對於四大皆空的佛來說，錢財、事業、工作、婚姻都是業力的始末，因此，通常佛法鼓勵人們放下桎梏回歸淨土，對於人間的欲望一事，佛通常是處於寂靜狀態。

而道教的神由於都是人身修成（前面提到的自然神、封敕神），對於行使功德、修己達人一事通常比較了然於心，因此，大部分的助法都是先滿足求者需承擔的責任義務，接著再循序漸進的引導回歸本體，所以，如果要求人間財，勢必是請神引路，除非想成爲四大皆空的修行者，才需要請佛度化。

大陸朋友聽完頗爲認同，急急詢問該怎麼透過拜神（不是拜佛）幫助他的事業起死回生？思索很久，我建議他先去找上海的大統領——城隍爺幫忙，請示一下城隍爺如何才能得到鹹魚翻身的機會。

隔天朋友約我到上海豫園拜城隍爺，一到廟裡，朋友就說他頭暈眼睛快睜不開，我讓他先去城隍爺面前跪一下，這時我隱約看見一位白髮蒼蒼的慈祥老者映入腦海，老人家笑呵呵的看著朋友，手上拿著一顆大元寶想要遞給朋友，我請示老人家祂是哪位神尊，老人家摸摸朋友的頭，好像親人般的疼惜。

一會兒朋友張開眼睛說他頭暈的現象好了，我問他剛剛眼睛閉起來時有「看見」什麼？他略微的想了一下，一會兒就說他彷彿是跪在一個老人家面前，老人家好像要送他東西，但因爲光線太亮他無法看清老人家要給他什麼。於是我索性告訴他，他看見的是一位與他有「淵源」的土地公，如果他可以在公司或住家供奉祂，對於工作事業會有相當的幫助。朋友半信半疑的說，上海去哪找土地公神像？我跟他說，可以先用紅紙寫一張土地公的神號，等到土地公眞的大發神威助你一臂之力時，再考慮神像的問題。

事不宜遲，瞬間獲得希望的朋友立刻熱情相邀，想要請土地公前來鼎力襄助。於是我在農民曆上幫他挑了一個「天恩日」，就在那天備辦四品禮物，請來「天富福德正神」前來他的公司坐鎮，當時準備的四品禮物如下：

準備物品

1、花一對。
2、五果（五果的禁忌請參考拙作《這樣拜才有效》）。
3、壽桃、紅龜粿各六個。
4、壽麵一把。
5、清酒三杯。
6、寶特瓶礦泉水一瓶（大小不拘）。
7、紅紙（大小約20×40公分），用黑筆寫上：

奉請天富福德正神安座大吉

特別提醒的是，寫好的紅紙可貼於牆上，或是立於桌上。

8、四色金三份（大箔壽金、壽金、刈金、福金各一支爲一份）。

9、刈金二十支。

10、福金六十支。

11、金蓮花三朵。

12、壽生蓮花三十六朵。

13、壽生元寶三百六十顆（至少也要一百八十顆）。

14、黃錢、白錢各二十支（虎爺用）。

祈請福德正神步驟

1、將四品禮物悉數擺放於桌上。

2、點十二支香。

3、先朝門外對天呼請，內容大意如下：

> **奉香拜請　玉皇大天尊在上，弟子〇〇〇，民國〇年〇月〇日吉時出生，現居〇〇〇〇〇（目前居住地址）。今日良辰吉時備辦四品禮物，祈求玉皇大天尊作主，迎請　天富福德正神到此坐鎮，助弟子生意興隆財源廣進，若蒙德澤，弟子必當行功造德答叩神恩。**

4、再入內對著福德正神牌位稟報，大意如下：

奉香拜請　天富福德正神在上，弟子〇〇〇，民國〇年〇月〇日吉時出生，現居〇〇〇〇〇（目前居住地址）。今日良辰吉時備辦四品禮物，恭請　天富福德正神到此鎮坐，助弟子生意興隆財源廣進，若蒙庇佑，弟子必當行功造德答叩神恩。

5、稟報完畢後，將香插在香爐裡，待燒約一半時，需斟上第二輪酒約八分滿。

6、待香燒到約剩三分之一時，必須再點上十二炷香插在香爐上，同時再斟第三輪酒，約九分滿。

7、第二次的香燒到剩二分之一時，就必須開始稟報今天迎請土地公的紙錢數量。逐一稟報完後，再擲杯請示是否圓滿，若是得一聖筊，則可以準備燒紙錢，若是得一「蓋筊」，可於十分鐘後再請示一次。

8、燒完紙錢後，即可將桌上的供品收拾乾淨，唯壽桃、紅龜粿、壽麵必須留到三日後才可清理。

注意事項

1、土地公迎請來後的前三日，必須早晚各上三炷香，三日之後每日早上一炷香即可。敬茶三杯也要每日更換，供奉過的敬茶，可以飲用不需倒掉，一般稱這種敬茶爲「錢水」，若將錢水倒掉，等於白白辛苦一場可就冤枉了。

2、土地公迎請來之後，每逢初二、十六必須買花、果供拜，並焚燒福金或四方金答謝。數量多寡可由個人依照現實情況決定，若是能配合元寶，則庇佑效果更有加乘作用。

大陸朋友如法執行之後，大約一星期後我們相約吃飯，席間他語重心長的說：「拜神這事怎麼就這麼妙啊？」我停下筷子靜靜等待他說他的「神蹟」。

他說，之前的案子不論他走了多少後門，下不來就是下不來，當時他也不明白，禮他也沒少送，怎麼別人就順順利利的標了公家的工程回來，而他就是一波三折還徒勞無功？但這兩天卻莫名其妙來了一個大案子，而且對方也很爽快的談完條件就成交。接著，原本認爲沒望的案子也開始陸續到位，朋友一臉茫然的問我：「怎麼就這麼巧？」

神蹟不就是往往出人意表的巧合？對拜拜向來很懵懂的大陸人來說，或許這是他們百思不得其解的事情，但對拿香習以爲常的我們來說，卻早已是司空見慣的事情。我或許可以說很多相仿的神奇事蹟，卻很難用任何語言或形式去驗證蒼冥之間這股奇妙的土地公神威！

初一、十五和初二、十六求財日

在一般的膜拜習慣中，有些人認爲農曆初一、十五是向土地公膜拜求財的日子，有的人則認爲拜土地公的日子是每個月農曆的初二、十六，每個人憑恃的傳說不同，因此也衍生不同的信仰習慣。但是不管是初一、十五、或是初二、十六，基本上意義都是相同的，我們姑且將這兩組日子當作是求財日，如此一來就不存在到底是哪一天要向土地公求財最有效的問題了。

與其說在這幾天向土地公求財，倒不如把土地公想像成是一間銀行，而你是在每個月的初一、十五或是初二、十六，帶著你的紙錢（等同現金）去存款，存的越多，未來連本帶利領回來的也越多！這裡的本利其實涵蓋著多層的意義，一方面是你所燒化的紙錢，另一方面則是土地公的福澤賜予，其他則是你個人的功德表現，林林總總在「適當時機」出現時，土地公會將這一筆「無形財」透過陰陽轉換的力量，轉化爲你所需要的「有形財」。

從陰陽理論來區分，初一、十五屬單數爲陽，一般是拜陽神的日子，土地公爲福德正神是爲陽神，所以有人初一、十五拜土地公；初二、十六爲雙數屬陰，而土地公一般咸認是司掌土境之神，天屬陽地屬陰，因此，初二、十六也有人拜土地公。

若要根據最早的信仰習俗流傳，又可區分爲以時序節氣爲主，或以祭拜土地公爲主的兩種解釋。

古時的農業時代，人們以月亮的圓缺（朔望）作爲每個月時間流程的依據，並藉此記下春耕夏耘秋收冬藏，因此在每個月的初一（朔）、十五（望）祭拜社神（土地之神），祈求五穀豐收人畜平安，這是按節氣而來的拜法。

而在閩南風俗，每逢農曆初二和十六稱爲「牙」，是祭拜土地公公的日子。農曆二月初二，是每年的第一個祭拜日，稱爲「頭牙」；每年的臘月十六，是最後一個祭拜日，稱之爲「尾牙」。

尾牙表示一年的結束，而頭牙就表示一年的開始。頭牙過完，春節正式結束，一年忙碌的生活就此開始。人們會在「頭牙」這一天祈求上天保佑一年風調雨順，有個好收成；而「尾牙」時會過得特別隆重，老闆雇主都會設宴款待員工，以慰一年的辛勞。「頭牙」雖比不上「尾牙」的隆重和豐盛，但也大大超過平時「做牙」的規格，每家在神龕上擺上三牲祭祀，燒紙錢放鞭炮，同樣好不熱鬧。

「頭牙」的時間是在一年中的春季，也是一年中耕種的開始，因此就以該日爲土地公的生日，而到了每個月的初二、十六作牙時，便準備紙錢供品奉拜土地公，再讓人們在這一天加菜打牙祭，這是以土地公爲主的祭拜法。

而在工商業社會的現在，人們對這個風俗習慣的由來已逐漸記憶模糊，但是社會百工、各行各業在每月的初二、十六奉拜土地公的習俗，也已成爲各商家祈求財源廣進、生意興隆的固定模式，不僅店家如此，甚至從事業務工作的人，也會在初二、十六準備供品前往土地公廟供拜。

前面提到，如果把每月初二、十六拜土地公的習俗，以另一種「儲蓄」的觀念來解釋，或許對於「有效」、「沒效」這件事會更容易理解。如果說每個人都是在初二、十六時拿同樣的供品去向土地公求財，那麼爲何有些人有求必應，有些人卻感覺平平？

以人來說，每個人運勢強與弱的時間均不相同，在同一個月或同一天，不同的人就有不同運勢展現，有的人強有的人弱，但是，審視強與弱的基準點，是取決於個人的努力指數上，假如兩個人在同一個地點上班，說相同的話做相同的事，卻面對不同的客戶談生意，那麼產生的結果就有：兩個都成功、兩個都失敗、一成一敗，而主要的關鍵點就在於「客戶」。而連接你與客戶之間的那一道無形的引線，我們就以「運」來解釋，運好時它幫你與好客戶、好貴人連結，運不好受業力阻滯時，這條引線就必須等到業力結束時，才能重新連結。

因此，所有的拜拜祈求，大部分會靈驗都是因爲自己本身的業力不受干擾，好運或是所祈求的願望才能不受阻礙的送進來。之前，有認識一群做業務的朋友，其中一位叫小美的女孩，她是最早開始拜土地公求財的，求了幾次之後她覺得效果很滿意，於是開始呼朋引伴並透露她的「吸金祕技」，身邊幾位閨密獲得提點後，也跟著如法炮製，幾乎所有的人都感受到土地公的神威。但在此時，她自己的業績卻開始一落千丈，有一天她很洩氣地問我：「是不是我把方法告訴別人就等於洩漏天機？現在業績一落千丈是不是被懲罰的結果？」

我回答她，如果是這樣的話，那寫書的我豈不是要破產好幾次了？告訴他人拜神求好運的事情，若站在一個標準的立場，給予告知而不是介入或干涉，並不會觸及所謂「洩漏天機」一事。事實上，很多人浸淫在宗教時，或多或少總會受到威脅或恫嚇，時日既久內心恐懼猶存，因此擔心好意提示他人也會遭受莫名的懲罰。例如有些宗教開宗明義表示，該教之法若是沒有得到認定的師父傳承，擅自學習稱爲盜法，所受到的懲罰是進入無間地獄永不超生。但若是眞的去看那些所謂的盜來之法，也不過就是一些翻譯音的祈請文，裡面既不是藏寶地圖也不是教人處世的方法。我曾經嘗試去看翻譯成中文的祈請文內容，大部分不外是：「偉大的〇〇，我衷心的呼請祢賜我大神力，我衷心的呼喚請祢再回到人間……」只是這樣的「法」若是不經師父給予誦讀的權力，就稱爲「盜法」並被詛咒沉淪無間地獄永不超生，這樣的恐嚇豈不是太過小題大作？

小美就是這樣被嚇大的！於是，當她發現她介紹去拜拜的人似乎際遇都比她好時，她一方面暗自惆悵，一方面自我解讀爲受到懲罰。事實上，每個人都有自己的守護神，憑藉自己守護神的引導，解決自己的業力、引進自己的財運，一切的功德與福報都是自我耕耘的結果，絕對不會與他人的業力牽扯一起。然而，畢竟被威脅、被恐嚇的陰霾已經根深蒂固，要徹底連根拔除絕對需要以理性的態度，重新審視過去所接觸的宗教是否眞正合乎人性或教義。

事實上，後來也證明小美的想法是多慮的，繼她的同事勇奪銷售之冠後的下一個月，小美也經由老客戶的介紹，認識了一位很夠力的新客戶，使得她該月業績突飛猛進、賺足荷包！這等於間接證明洩漏天機的恐嚇之說是無稽之談，而拜神燒紙錢的「儲蓄說」卻從中印證。以前的小美每天期待從天而降的幸運，稍有一天不如意她就內心杯弓蛇影疑神疑鬼，現在她認同「儲蓄說」之後，每個月的初二、十六，她必定會前往土地公廟「存錢」，運勢旺時她把握機會努力銷售，成績不佳時她也不灰心，她不斷吸收新知充實自我，或是發展新客戶，她的工作流程形成了良好的循環，她不汲汲營營，卻從中學會把握當下該做的每一件事，她也從中眞正明白知足與滿足的快樂。

知足與滿足，並不是要你四大皆空，或是放棄現下的狀況不思進步，而是深刻的體會在每一個階段中，剷除迷惘與茫然，清楚了解自己人生中該做的每一個步驟。

一般來說，初二、十六拜土地公的概念都是相同的，但在長年的實踐中，發現兩者間仍有一些不相同的地方，也產生了不太相同的拜法。**大致來說，我們會將「初二」這天視為祈求「機會」、「幸運」、「化外陰」**（外陰，指一般的阿飄）；**「十六」這天則是祈求「運財」、「納福」，將無形的祈求力量**

轉化為具體的財富，使人們能夠從現實中獲得真正有求必應的成就感，因此，兩者所準備的紙錢也會稍有不同。

農曆初二拜土地公需準備的四品禮物

不管商家是在店門口拜、或是到土地公廟拜，都需準備下列四品禮物：

1、鮮花一對。
2、五果一份。
3、紅龜粿三個。
4、花生糖一份。
5、壽生蓮花六朵。
6、四色金三份。
7、環保刈金（或四方金）三十支（十支爲一包）。

8、環保福金（或四方金）三十支（十支爲一包）。

9、黃錢十支。

10、白錢十支。

11、補運錢二十支。

12、天庫錢二十支。

13、地庫錢二十支。

14、水庫錢二十支。

（以上的紙錢量是最基本的，若經濟許可，要按比例多燒也可以。）

拜土地公時，若是在店門口對空奉拜時，要記得口誦：

奉香拜請 天富福德正神在上，信士〇〇〇，今日良辰吉時在自家店門口（可唸誦地址）敬備四品禮物，祈求 天富福德正神賜予良機牽引貴人使

弟子事業興旺，未來行有餘力必定行功造德叩答神恩，以福德神威濟眾利世，共仰神威同霑恩澤。

若是到土地公廟拜拜時，則把屬地改爲：

奉香拜請　天富福德正神在上，信士〇〇〇，〇〇年〇〇月〇〇日吉時生，現居〇〇〇〇〇〇〇〇〇〇（住家地址），目前從事〇〇〇〇（報告目前的工作或事業），今日良辰吉時敬備四品禮物，祈求　天富福德正神賜予良機牽引貴人使弟子事業興旺，未來行有餘力必定行功造德叩答神恩，以福德神威濟眾利世，共仰神威同霑恩澤。

農曆十六拜土地公需準備的四品禮物

1、鮮花一對。
2、五果一份。
3、紅龜粿三個。
4、花生糖一份。
5、礦泉水一瓶（大小不拘）。
6、四色金三份。
7、環保刈金（或四方金）十支（十支爲一包）。
8、環保福金（或四方金）六十支（十支爲一包）。
9、黃錢十支。
10、白錢十支。

11、天庫錢二十支。

12、地庫錢二十支。

13、水庫錢二十支。

14、壽生元寶（半兩）三百六十顆以上。

（以上的紙錢量是最基本的，若經濟許可，要按比例多燒也可以。）

拜土地公時，若是在店門口對空奉拜時，要記得口誦：

奉香拜請 地藏福德正神在上，信士〇〇〇，今日良辰吉時在自家店門口（可唸誦地址）敬備四品禮物，祈求 地藏福德正神天地運財財通四海財庫豐滿，未來行有餘力必定行功造德叩答神恩，以福德神威濟眾利世，共仰神威同霑恩澤。

若是到土地公廟拜拜時，則把屬地改爲：

奉香拜請　地藏福德正神在上，信士○○○，○○年○○月○○日吉時生，現居○○○○○○○○○○○（住家地址），目前從事○○○○（報告目前的工作或事業），今日良辰吉時敬備四品禮物，祈求　地藏福德正神天地運財財通四海財庫豐滿，未來行有餘力必定行功造德叩答神恩，以福德神威濟眾利世，共仰神威同霑恩澤。

關於要去哪裡拜土地公一事，可能也是很多人的困擾之一。一般可以選擇住家附近的土地公廟爲主，主要是因爲每一位土地公都有祂管轄的區域，不管祂是大廟或小廟，因此，也有人戲稱住家、店面、公司附近的土地公廟爲「管區」。另一種則是以個人的出生年吉方，來尋找有利於自己的土地公膜拜。（關於依據個人出生年尋找土地公的方法，可參考下頁附表，或參閱拙著《這樣拜才有效》。）

不過依個人的經驗和建議，還是找自己所在區域的「管區」比較實惠。一來拜拜方便，二來心誠則靈，土地公也方便就近照顧你，畢竟土地公的功能並不僅僅只是初二、十六的庇佑而已。而按自己吉方所尋求的土地公，則可於每年的土地公壽誕前往膜拜祝壽祈運，有關於此部分的介紹，本書後面將有詳細說明。

以個人出生年尋找有緣的土地公廟

生肖屬鼠，宜拜東南方土地公。
生肖屬牛，宜拜東南方土地公。
生肖屬虎，宜拜正南方土地公。

生肖屬兔，宜拜西南方土地公。
生肖屬龍，宜拜西南方土地公。
生肖屬蛇，宜拜正西方土地公。
生肖屬馬，宜拜西北方土地公。
生肖屬羊，宜拜西北方土地公。
生肖屬猴，宜拜正北方土地公。
生肖屬雞，宜拜東北方土地公。
生肖屬狗，宜拜東北方土地公。
生肖屬豬，宜拜正東方土地公。

宜蘭金土地公的神蹟

第一次到宜蘭四結的福德正神廟，源自於朋友特地去還願，而我恰好無事便一併相隨。朋友駕著他的BMW從台北穿越雪山隧道，一路上侃侃而談，細說這間廟的土地公是如何幫他在事業上起死回生，在他瀕臨人生谷底即將家財散盡之時，土地公是如何在臨難關頭，在他咽喉上滴上一顆法雨甘露，讓他在頃刻之間立即起死回生。言談間他精神奕奕喋喋不休，漫長的雪山隧道一路長駛，他也渾然不覺疲憊。

對於素昧平生的四結福德正神我是完全沒有任何感覺，只知道那裡有一座全身黃金打造的土地公神像。其實全省也有很多廟宇，將平日信徒供奉的金牌累積起來之後，再一起熔化並打造出該廟的主神金身，例如金玉皇大帝、金媽祖、金濟公……因此即使再多一座黃金土地公，當時也不覺得有特別稀奇之處。況且我總認為高高坐在神桌上的神，總要能眞正大發神威幫助信徒，才能不辜負信徒的香火供奉，至於全身是否是黃金打造並不重要，重要的是祂究竟展現了多少神威、發揮了多少功德。

有那麼一點時間，趁朋友喘口氣時，我偷偷的把眼睛閉上，在那短瞬的時間裡，我彷彿看見一團金色的光亮逐漸形塑出一個人像，金色的光芒由弱至強，最後在腦海中渲染成一片金澄澄的幻海。

我猛地睜開眼睛，朋友仍在兀自述說，一點也沒發現我擅自插播了廣告休息時間，事實上不過就是幾秒鐘的時間，但在那虛幻的空間，彷彿極短時間被無限延伸，這種經驗是經常有的，經常會發生在去某一間廟的路途中，有時像一個猜不透的謎卻讓人充滿期待，直到去到目的地後才會恍然大悟。

到了宜蘭金土地公廟時，遠遠就看見廟頂上三丈高的土地公塑像，據說是東南亞最高的土地公神像，當時我只覺得大未必就是精緻，除了土地公親切依舊的笑容外，高大的塑像並沒有給我太多的震撼。但與此同時，發生了一件莫名的事情，朋友帶來的供品突然不翼而飛了！這件事的震撼度對朋友來說非同小可，四品禮物中有他花了好多時間摺的元寶，總共六千顆，他一直努力回想是不是放在家裡沒帶出來？甚至還怪罪他的老婆沒幫他留意。他老婆也覺得很委屈，但是既然找不到也沒辦法了，只能下一次來時再補。

但當我們進入廟裡時，首先映入眼簾的卻是那六千顆黃澄澄的元寶已經好端端的擺在桌上。我們三人六目相望，彼此的心裡都很清楚，進入廟前我們三人誰也沒離開過，朋友小心翼翼的趨前數次觀看，最後他確認包裹元寶的紙袋的確是他的，紙袋一角還留有他前一晚喝飲料不小心沾染的漬痕。再等了許久，我們確認真的沒人前來「認領」這包元寶，朋友才「名正言順」的將它重新與他帶來的供品擺放一起，只是我們誰也想不通是哪位善心人士的「義舉」，幫我們將元寶拿來桌上放置。

按照以往拜神的順序，我們拿著香一路從一樓拜到二樓，一樓的土地公旁邊還配祀一位笑臉盈盈的土地婆，民間傳說土地婆既現實又無情，從來只幫助富人不幫助窮人，但這幾年常常接觸土地婆，卻覺得世人對土地婆的誤解實在太大，站在神仙的觀點，土地婆的助人動機應該是以該人的「功德」爲標準，功德夠，祂容易幫也樂意幫；功德不夠，即使祂有心幫忙也插不上手。這是我在拜拜中意識到的，如果個人業力和家族業力沒清乾淨，在「神佛不破因果」的前提下，即使把財運到家門口，也會被業力擋住、無法矢命必達。因此對土地婆來說，並不是祂不夠慈悲，而是祂有心無力。土地婆平白無故的被人誤解許久，事實上，既然祂能坐在神桌上受人香火供拜，必定有他人所不能及的一面，肉體換金身自然也該受到人們的頂禮與膜拜。

由香客們捐贈的金牌所鎔鑄的金土地公被供奉在後殿，兩旁有五路財神配祀，看起來威武莊嚴但又不失土地公親切和藹的慣有形象。朋友在金土地公面前誠心的跪下來，感謝土地公對他的鼎力襄助，我則在一旁望著笑容可掬的土地公出神，恍惚間看見土地公身邊的兩位童子——招財童子、進寶童郎，各挑了兩擔黃澄澄的元寶朝他走來。接著又聽見耳邊一位老者的聲音，笑吟吟的說：「隨身帶庫！」我立時回過神來，朋友這時正好要站起來，我叫他別動，並把剛剛「看到」的事跟他說，隨後我們立刻擲筊請示，結果連續三個「聖筊」，朋友看了內心激動莫名，當下就跟土地公說，如果土地公果眞讓他「隨身帶庫」，他回去後接到的第一筆生意所得，他將悉數捐給土地公。隱約中，彷彿眞的看見土地公哈哈大笑，又是一場人與神的賭注交易。

全部拜好後，我們又回到供桌旁準備將紙錢帶去燒化，不知何時身邊站了一位老者，正在跟身邊的人介紹說：「我們這裡的土地公很靈，誰的紙錢被祂拿走，那個人就會走好運！」

我們三人又是一次互相注視，這分明是土地公找人來「托話」。於是我很好奇的請教老者，這裡的金土地公爲什麼會拿香客的紙錢？而且是眞的「拿」？老者呵呵的笑說：「我們這裡的土地公伯仔很愛開玩笑，祂有時會把香客的紙錢拿走，被祂拿的客人都很快就能發財回來還願，我們都說這是祂在『點金』啦！」

不久之後，朋友果真被「點金」了，一個美國來的大戶一下子買走祂數百萬美元的貨，朋友竟然眨也不眨眼的在扣除所有開銷之後，一毛不少的悉數捐出。朋友說，捐出去的並不是錢而是感激，在他人生最谷底的時候他獲得了神的信任與支援，這是任何金錢都買不到的。

這幾年，我只要有空就會到宜蘭四結土地公廟參拜，也見識到身邊其他朋友在土地公的庇佑下所發生的神奇事蹟。但除了參拜之外，值得一提的是廟裡免費供應的甜湯圓軟嫩彈Q，讓人一碗接一碗愛不釋口，有機會到此處參拜求開運時，也莫忘來一碗唷！

土地公是天地運財之神

- 三赦、三庫之後的土地公運財法
- 福德正神也分「天富福德正神」與「地藏福德正神」
- 土地公是最給力的財神爺
- 新北市烘爐地土地公神蹟

所謂「天地運財」，顧名思義就是指每個人在過去的累世輪迴中，必定有所謂的「功德」與「業障」所產生的業力。**業障是指我們欠人家的，所以被欠的「債權人」**（業障、冤親債主）**就會找上門，造成事業、工作、財運、健康等等的阻礙；而功德是指你自己過去所做好的事情**（請注意，並不是指你對某人作了好事），**但這功德必須由你自己去領回，成為今世可以幫助你的「運氣」**，這一點是很多人不解的地方。

舉例來說，你捐了一萬元給某個慈善機構，捐了一萬就是功德，但你卻以爲作了這件好事功德就會自動迴向給你，但因爲你印象中你曾經作了這件好事，所以會產生「好心有好報」的念頭。然而，你的過去世作了什麼好事，你卻不得而知，此時，唯有請神去調閱你前世的功德資料，才會知道你還有哪些功德尚待領取，知道之後，請神幫你處理，神按照你的意願幫你「申請」前世的功德回來，做爲今世的福報，此時，轉運錢財的差事就必須請土地公幫忙。

記得前不久帶一位上海朋友去拜玉皇大帝，才剛在神像前站定，就彷彿感覺到玉皇大帝帶著憐惜的語氣說：「怎麼到現在才來？」接著又「聽」祂說：「功在朝廷……」這時朋友跟我說他感覺頭暈暈的，似乎前方有一股強大的力量向他撲來。於是按照經驗我讓他在玉皇大帝面前稍跪一下，讓他的身體接收玉皇大帝所發射過來的能量，大約二十分鐘之後，他睜開眼睛對我說，他一閉上眼就發覺自己站在一個煙霧繚繞的地方，最清楚的地標是看見一支參天的白色石柱，表面上有許多的浮雕。

這時，他發現柱面上慢慢地滲出一灘紅色的血，正由上往下流，他想睜開眼睛但又睜不開，正在擔心之際，他的正前方出現一道強光，光束由強轉弱，許多神仙裝扮的人從光幕後面走出來，好像在列隊歡迎他一樣，這時他的目光移向白色石柱，眼睜睜的看著石柱上的那一灘血，如同倒帶般的縮回到柱心內，他猛的睜開眼睛，怯生生的說著剛剛短暫一刻腦海中閃出的畫面。

朋友所看到的畫面與玉皇大帝所說的「功在朝廷」似乎是有所關聯的。但既然是功在朝廷，則也代表他曾經食君之祿擔君之憂，如此一來，功在朝廷不就表示有加官晉爵的可能了？

許多人也許都不明白拿香拜拜另一層更深遠的作用，其實是請神穿越時空找到某世的功德，藉此轉爲今生福報，以便可以解決眼前的困難。這比持香請求賜福更爲具體，然而大部分的人並不了解拜拜的深層意義，以爲只要手拿著香，神明就應該要保佑他。深明大義的人都應該了解，天下眞的沒有白吃的午餐，神與你之間如果沒有任何的關係，祂就沒有責任與義務非照顧你不可，除非你誠心地祈求、耐心地等待、眞心的懺悔，否則神除了憐憫你之外，他也無法插手你的任何業力，這就是在前一本著作《好神引導，一拜見效》一書中所要強調的重點！透過三次的拜見引導神，使祂與你的關係產生「質變」，從香客的身分躍進爲家人親友的關係，在引導神的指引下才能保薦你的業力，從而改善此生的運氣。

假如沒有引導神的這層關係，猶如你做生意失敗虧了一大筆錢，卻隨便去找一位路人甲要他幫你還債，試問有哪一位路人甲願意善門大開幫你賠償損失？人與神的關係如同人與人的關係一樣別無二致，天底下會毫無要求幫助你的人，除了父母以外大概也沒有其他人了，而與神之間的關係，則是要與祂建立起如骨肉手足般的關係和感情，神明才能在此時出手相救。

我幫朋友請示了玉皇大帝之後，玉皇大帝要他準備四品禮物去請土地公幫他把財運回來。這一點令我相當詫異，按照一般的程序，應該是要經過「補庫」、「進庫」、「開庫」的階段，才能把財領回來，但顯然玉皇大帝對他獨有厚愛，竟然直接要他去土地公那兒辦理領獎品的手續！由此可知，「天地運財」即使是引導神同意「補庫」或「進庫」了，也必須透過土地公幫忙，才能將前世的功德領回來今世使用。

「天地運財」是土地公的職責之一，當然，不同的土地公有不同的職責，而「天地運財」則是所有土地公們都可以幫你做的事情。

因此，假如有做過「三赦」和「三庫」的人（詳見《這樣拜才有錢》一書），一路過關斬將到了「天地運財」的階段時，也算是即將大功告成的時候了，但要記得有兩個原則不能變動：

原則1

「天地運財」是每年至少要做兩次以上，也就是說「三赦」、「三庫」一年至少要做兩次以上。

原則2

獲得「天地運財」的財運之後，要憑所得廣積福德，未來才有機會和籌碼，以現在的功德換取現在的福報，如此你的財運才會綿綿不斷的延續下去，即使在最谷底的時候也會蒙神庇佑雪中送炭。

三赦、三庫之後的土地公運財法

去年年初時，一位過去的客人接受了我的建議，在她的美容護膚沙龍即將覓店開業之前，先去找瑤池金母成爲她的引導神，同時也按照「三赦」、「三庫」的方式如法炮製一番，據她所說，這使得她後來在找店面時變得相當順利，在她籌備工作期間，老客人經常來電詢問幾時開店，讓她滿心歡喜的以爲從此必將扶搖直上一飛沖天。但是她的店正式經營後，業績卻遠遠不如預期，老客户推事不來，新客户廣告失利無法遞增，於是，她開始懷疑拜拜的效力。

很多人在此時不去思考事情的始末究竟是哪一個環節出現阻滯，卻一昧的只問結果好壞吉凶，於是產生了信心動搖的危機。我自己也曾經這樣三心二意過，但最後都回到一本初衷的位置上，開始思考整件事情究竟有什麼地方出了差錯？在我的觀念裡，沒有不願幫人的神，只有不懂神的旨意的人，畢竟神的形象是不會開口的木雕金塑，沒有與祂培養良好的默契就不容易揣測神意，這也是在這一系列拜拜書中要跟大家強調的——**與其進香團式的跑遍全省廟宇，不如固定參拜某幾家已經和你形成默契共識的廟宇**。除了締結關係之外，另一個原因就是可以因熟悉而揣懷上意。

趁著返台時我和她一起去請示她的師尊，她的師尊是台北松山奉天宮的金母娘娘，幸好平時常去與祂請安，所以多多少少還可以了解金母娘娘要她補辦那些事。問了老半天，終於問出她還差一個請土地公天地運財沒做，但這位客人回答說她已經做了，她說她在她們家附近找了一間土地公廟請土地公幫忙了，而且還向土地公連擲三個聖筊，她以為這樣就代表土地公答應了！結果以此事請示金母娘娘，竟然連續得了三個「笑筊」，看得我也不禁啞然失笑，原來金母的意思是說，補了庫之後要請的土地公應該要找輩分或神職比較高的，她去找住家附近的土地公幫忙，那位土地公的意思應該是說：「OK啊！財運到時我就幫妳送過去。」但是祂仍然必須等專職「天地運財」的土地公將財運到祂的土地公廟時，祂才能幫她把事情處理好。這就好像中央撥款下來，地方政府拿到錢後才能把款項繼續分配給鄉鎮鄰里的意思一樣，所以，她家附近的土地公也沒「唬爛」她。

她自己想想又說，好像是這樣沒錯，她家附近的那間土地公廟規模不大，大約只有兩坪面積，想想還眞像村里辦公室。

但是要去哪裡找可以專司「天地運財」的土地公？這也是我一再強調去找大廟的原因之一！一般香火鼎盛的大廟通常都配祀有土地公，而這位配祀的土地公大都負責該廟神明賦予的「天地運財」工作。例如松山奉天宮的一樓就有配祀土地公，在辦完「三庫」之後，應該再繼續請該廟的土地公幫你「天地運財」，有了「天地運財」土地公的幫忙，神賜的恩典才能快速的讓你獲得。

通常負責「天地運財」的土地公我們都稱爲「天富福德正神」、「地藏福德正神」，在下一節中將有詳細的說明。

經過金母娘娘的指示，她再次愼重的請奉天宮的「天富福德正神」幫她「天地運財」，接著再回到她家附近的土地公廟，向土地公稟明。在很短的時間內，她的老客戶回來了，也帶了新客戶來捧場，有一天她語重心長的對我說，她終於體會到眞正的心誠則靈、有求必應是什麼意思，道理說起來簡單，但是每一個步驟或是細節都要考慮的縝密仔細，才能加速效果的發揮。她認爲最重要的是身體力行，眞的關心自己的事情，而不是把自己的問題全部丟給神明，然後把當事人的角色轉換爲局外人，自己落得清閒。

很多人都把拜神當作是一種祈福的慣有動作，更深一層的意識是覺得自己的不如意、不愉快、不順利，都可以透過三炷香的稟告獲得神的力量予以解決。換言之，當你點上三炷香時，下意識就認爲神非幫你這個忙不可，事實上這種想法並無不可，只是談到「效果」時，這樣的拜法就只能看你自己的造化了！**拜神所賦予給你的是機會，而不是任何有形的物質**，祂給了你機會，但如果你自己不去執行，那無異是白白浪費祂所給予的機會，而眞正讓拜神產生效果的絕對是來自你的心，你的心誠意的悔過、虔誠的祈求，並且以行動堅持貫徹，基本上這樣的拜法絕對會讓你心想事成。

宗教信仰在大陸近幾年來逐步開放，許多人開始虔誠的信仰宗教的力量，每逢農曆初一、十五，上海的知名廟宇就擠得水洩不通，絡繹不絕的善男信女持香膜拜。有的人沒點香只拿著香對著天空拜；有的人點上香卻讓香熊熊烈火，等同於拿著一束火把對神膜拜；有的人點上香卻不對神尊膜拜，只是對著香爐唸唸有詞。各人有各人的拜法各唱各的調，但於此同時，也偶爾會有不認識的彼此，互相「好意的」指點對方的拜法不對，必須觀摩他自己的拜法才是正確的。但事實上拜神唯心，並沒有所謂的對錯，只要心念是正確的，即使手上不拿香也是一束心香在心頭，但人往往拘泥於小節，究此原因不外就是怕拜錯造成不靈的遺憾。拜拜是有方法的，隨心所拜又何必擔心拜錯步驟而引來神尊不悅？神在乎的是你的善念而不是無心之過。

在上海的廟宇參拜，燒紙錢時常常會有虔誠的老太太過來善意引導，老太太總是義正詞嚴的說：「燒紙錢、插香時要用左手。」這時如果再問老太太爲什麼要用左手，老太太就會一臉「你冒犯了神威」的表情說：「反正就是不能用右手，不然菩薩會不高興的！」說完就悻悻然的走開。

對很多人來說，爲什麼插香要用左手可能也不是很清楚，如同有人告訴你持咒十萬遍可獲一個大功德，沒人知道那會獲得什麼功德，但很多人卻盲目的深信不疑恆心力持，卻沒有人出來說他唸滿之後得到什麼？如果只是想得一個「平常心」，又何須苦苦唸十萬遍？如果有所求，爲何最後仍不見結果？我也是從這條路出發的，只是一路上不停的思索心裡想要的、祂給我的，是不是能夠更爲具體，而不只是毫無意義的慰藉？正如同左手插香的道理是源於中國人習慣使用右手，例如吃飯、待人接物，甚至上廁所擦屁股。因此，中國傳統認爲以這樣的右手拿香是爲不敬，因此「建議」大家用左手插香以示尊重，但對於左撇子的人則用右手。因此，尊不尊重不在於你用右手或左手插香，而在於你是用哪一隻手擦屁股，這不僅是常識也是應對進退的一種禮節，但你必須充分了解禮節制定的動機，才能知道執行的意義，盲目的跟從只會變成鸚鵡學舌而失去了本質的意義。

然而在拜拜的定義中，我們必須很確切地體認到，拜拜並非爲了修行也不是爲了成爲通靈者、乩童或者成仙成佛，拜拜只是爲了讓我們個人在人生中找到眞正的發展機會，改善我們個人的家庭、事業、財運、健康等等。而這樣的「拜拜機制」，當中包含了弭平因果業力關係、創造功德、福報，使得每一個人從中自然的投射善念不至於危害他人損德，在此良性機制之下，不僅可以獨善其身也能兼善天下，眞正做到：「**心平何勞持戒，行直何用修禪**」的目的。

戒律與修持都是爲了規範人心所設，猶如馴獸師在野獸脖子上套上馴箍，人自視爲萬物之靈，若將這些爲人處世的道理適切的運用於人與人、人與神之間的進退禮度，將所有修持與戒律徹底消化爲生活中本應具備的節度，那麼自己就不用把自己當成待馴服的野獸，期待馴獸師在你脖子上套上一個馴箍。

另一方面來說，宗教本身借用了宇宙的萬有能量，卻只告訴人們要接受、要皈依、要奉獻，卻把信徒的一切不幸歸咎於自己的業力所致，不但沒有提供解除的方法，反教受苦的人要安於現狀。這或許是個方法，但卻不一定是僅有或最好的辦法，假如信徒是有選擇權利的，那麼消極的接受業力的折磨和積極的解決業力的紛爭，應該是兩種殊途同歸而又可以給人選擇的方法吧！

只是一味的要人罔顧自己的責任、負擔，卻要人當下放開一切，這是談何容易的事？這樣的說法，站在宇宙萬有能量的立場來說，無異是窄化了宇宙的能量空間。換言之，當宗教把持的能量回歸宇宙時，人們所祈求的那股能量就會被解壓縮至無限大，例如同樣都是請土地公天地運財，只是把土地公視爲一尊神祇和把土地公視爲宇宙間一道神聖的能量，兩者之間由於你的想像不同，所衍生出來的力量當然也會天差地別，而這就是我連續出版數本拜拜書，最想告訴讀者的重點。

舉例來說，人們因爲相信拜土地公可以招財，所以買了很多的紙錢，一心只想著紙錢燒完之後，土地公就可以賜給你多少多少錢財，甚至幻想著假如土地公讓你賺五百萬，你就要先換輛好車；假如土地公讓你賺一千萬，你就打算買棟好房……人們因爲有欲望而產生對神靈的膜拜，並且期望只花一點點的代價，就能獲得意想不到的收穫。這樣的想法，就是窄化了神靈的能量，神靈的能量一旦被窄化，你的祈求理所當然地也就被壓縮了。

然而，換個角度來思考，錢財若是經由功德轉化而來，你無功無德自然不易獲得錢財，若是前去向土地公求財，等於是請土地公把祂的功德撥給你，轉化爲錢財供你使用。土地公如果眞能平白無故的轉化錢財給你，你該高興的不是你獲得了土地公的功德施捨，而是該慚愧的感謝土地公的賜福，並且請祂引導你如何才能做出好功德，將來也能像土地公一樣把功德餽贈給虔心受教的人，以發揚土地公功德轉福報的慈悲。若是能夠抱著這樣的心情伏跪在諸神面前的人，沒有不有求必應的，因爲你的心是放在懺悔、請求指導如何行功造德上，因此你打開了自己的靈體能量與諸神交融，憑藉著這股放射的力量，你所獲得的當然會比「乞求施捨」更大更多。

換個角度來看，假如你自己是土地公，不妨自己想想，面對前來求施捨的人，與面對願意懺悔求解的人，身爲土地公的你，會願意幫助哪一個人？但若爲了獲得錢財而假意的求解，最後也仍將一無所獲，因爲即使你的演技再好，也不可能騙過自己的良知，因此，懺悔求解、開運賜財，最後能否過關的關鍵，眞的僅僅在於你的心是否眞心誠意而已。

如果你曾經照《這樣拜才有錢》辦過「三赦」和「三庫」，那麼更不應該忽略最後的「天地運財」，那就好像你前世的功德已經被轉化爲機會與財富匯入你今生的帳戶，而現在只差到銀行櫃台去請土地公先生幫你辦理開戶手續領取而已。

辦理「天地運財」需準備的四品禮物

・稟文

要辦理「天地運財」之前，必須先用一張A3或A4大小的**黃紙**，以紅色的筆書寫稟文，書寫的內文大意如下：

天地運財稟文

今日良辰吉時，恭請求辦天地運財一事，祈求天賜良機、事業興旺、財源滾滾，若蒙恩澤，願以所得福報，行功造德利己利人答叩神恩。

求辦人：王小明，民國六十一年農曆二月二日吉時瑞生

現居中華民國台灣省台北市福德路一〇八號

‧準備紙錢與供品

供品：

備辦四品禮物如後：

1、四色金六份　2、刈金二十支　3、福金三十支　4、壽生元寶

三百六十顆　5、黃錢二十支　6、白錢二十支　7、壽生蓮花十二朵

恭請

台北松山奉天宮　天富福德正神　鑒納

弟子王小明叩求

中華民國一〇一年三月十八日

1、鮮花一對。

2、五果一份。

3、礦泉水一瓶。

4、小蛋糕一份。

5、花生糖一盤。

6、金元寶（塑膠鍍金）六顆或十二顆。

紙錢：

1、四色金六份。

2、刈金二十支（環保型，一包有十小支）。

3、福金三十支（環保型，一包有十小支）。

4、壽生元寶三百六十顆。

5、黃錢二十支。

6、白錢二十支。

7、壽生蓮花十二朵。

拜拜步驟

1、將以上供品和紙錢置於土地公的案桌上。

2、點三炷香，先朝廟外向玉皇大帝稟明你今天是來請土地公「天地運財」。

3、面對土地公，按稟文唸一次，唸完後將稟文置於桌上。

4、擲筊請示所準備的紙錢夠不夠，若是一次「聖筊」即可以燒紙錢；若是「蓋筊」則要將所有紙錢逐次擲筊，找出是哪一種紙錢不夠。

5、擲好筊後，將紙錢拿去燒化即可。

注意事項

1、拜好的水果、礦泉水、花生糖可帶回家自己食用。

2、小蛋糕留下來讓土地公慢慢享用。

3、金元寶要帶回家置於自己的財位上（由於每個人的財位不同，可上網輸入自己的八字查詢）。

福德正神也分「天富福德正神」與「地藏福德正神」

如前面所說，每一位土地公的職責區分不同，因此土地公只是一般人的泛稱，在運財部分還有天界與地界不同的土地公職名區分，粗略來分是：「天富福德正神」、「地藏福德正神」。「天富福德正神」專司功德記錄，「地藏福德正神」專職記錄累世功過福報，以現代人的說法可以理解爲：一是賜予機會的福神，一是將機會轉化爲實際錢財的福神。

「天富福德正神」之名源於道家的人法天地的觀念，道學中認爲人是宇宙中的一股能量——「炁」所生成，「炁」是由天地所生，因此也產生了靈魂意識，每一個靈魂體（炁）都有一個出處，就像不同的手機品牌，當需要充電時，就必須接上相同牌子的充電器，用其他品牌的充電器就無法接通電源一樣。「天富福德正神」就是根據你的靈魂體能量出處，幫你接上電源，將你的運勢通電，持續地補充你的能量電力，因此，祂是機會的轉運者。

而「地藏福德正神」則是根據個人累世的因果功過予以計算後，再由「地藏福德正神」負責轉運今世的錢財進入你的運勢倉庫內。因此，如果要請土地公賜財，最大的關鍵就是如上所說，先找到自己的引導神，做過「三赦」和「三庫」之後，請引導神舉薦，再請「地藏福德正神」轉運錢財，這樣的效果是很讓人驚喜的！

如果沒有做過「三赦」或是「三庫」，卻想要獲得土地公的幫助，也可以透過「天富福德正神」、「地藏福德正神」的庇佑，兩者選其一或是同時兩邊祈求，在人生遇到瓶頸或是困難時，請土地公以祂的功德助你一臂之力。但要記得的是，所有的祈求都必須透過你自己的功德轉換，才能事半功倍，如果你無功無德，卻希望透過神祇請祈福佑，那麼你祈求來的只是神明賜給你祂的功德而已。就像你上門去向有錢人請求支援一樣，至於有錢人（神明）給不給，那麼就要看你誠不誠心了。

你個人累世所作所爲，往往會成爲你向神明祈求靈不靈的依據，如果你無功無德，在神佛不破因果的前提下，神明只能在你被業力催討過後，才能將祂的功德轉贈給你，但有些人常會覺得自己的祈求靈驗有限，大部分的原因只有兩種，一是誠意度不夠、二是業力催索過多，導致你從神明處獲得的福報，轉眼間就被業力從中攔截。

因此，對於拜拜的體會最爲深刻的就是：要讓自己的祈求提升靈驗度，最大的作用力即在於你是否經常性的行功造德，平常累積的一點點小功小德，往往會在關鍵時刻爲你帶來咋舌的驚喜。

會認識到「地藏福德正神」也是一段很奇妙的機緣，在寫本書之前，對土地公的認識也僅僅只是福德正神的名稱而已，而在下筆著書之前，在上海幫一位台商辦理「天地運財」時，才意外的發現原來土地公、福德正神，在本質和內涵上還是有些不同的區分。

台商林先生在上海經營工廠多年，生意一直未見起色，主要的原因是優秀的幹部難尋，加上同業競爭日遽，使得他倍感壓力。原本只是很單純的帶他去上海龍華寺的地藏王處，請地藏王做主處理他的因果業力，讓他能夠在事業上較爲順利。但那天地藏王卻示現他暫時不需要處理因果業力，當時我小小的怔愣了一下，雖然不需要處理因果業力，但他現在的運勢不夠強也是事實啊，那麼要如何透過拜拜幫助他的運勢？正在猶豫時，地藏王身邊的土地公突然顯現出來，他手上端捧著元寶，接著又「看見」兩個小童擔著兩簍竹筐在後，這時，我突然明白土地公的意思，彷彿是說要把這些元寶施贈給林先生，經過擲筊確認後，也問了所需的四品禮物，於是向土地公稟報隔日再來接財。

隔天來時，才走到廟門口，便發現廟方貼出公告禁止在廟內焚燒紙錢，許多提著紙錢、蓮花的上海老太太正在不服氣的和廟方理論，而我們則是拖著兩個大行李箱的紙錢不得其門而入，不得已只好先把紙錢寄放在認識的花店裡，先入廟拜拜再看情形辦事。

入廟後我們開始點香向地藏王、土地公稟明此事，並祈求給予圓滿處理的方法。此時，土地公示現要我們先拜一圈再說，我們只得依照指示向廟裡的大小神佛一一禮拜，再回到地藏殿時仍然是無計可施，就在此時，廟裡一名清潔員工突然向我們走來，他雙手交叉在後悠哉地問我：「今天沒帶紙錢來燒啊？」

他這麼問根本是多此一舉，他怎會不知道今天開始廟裡禁燒紙錢？於是我反問他：「師父，你可以幫幫我把紙錢帶進來燒？」清潔員揮揮手說今天是不可能的，說完他便轉身離去，走了幾步他又折回來問我紙錢放哪裡，讓我帶他去拿……

於是，在清潔員的幫助下，我們終於順利的把紙錢燒化完成，我和林先生兩人瞠目結舌，簡直不敢相信「奇蹟」的顯現竟然是在轉眼之間。

紙錢燒好後，我們再次去向土地公道謝，但這時土地公又示現了，祂「說」祂不叫土地公，這是我第一次遇見土地公說祂不叫土地公的事情，於是趕緊請示該怎麼尊稱祂？這時清楚地聽見祂「說」祂是「地藏福神」，這時我才恍然大悟，原來大家都泛稱土地公慣了，事實上每個土地公根據祂的職責不同，都有正式的名稱。

同一時間讓我聯想到，有一次到南投參拜紫南宮的福德正神，返家之後那晚就夢見一位白鬚老者說：「天富爲福、地藏爲德」，夢中驚醒後這句話一直記憶猶新，卻不知究竟是什麼意思，時隔一年多，沒想到在上海龍華寺竟然獲得相同的啓示，唯一的差異是台灣的神祇表達含蓄，大陸的神祇卻是直接點破，兩者間都有異曲同工之處。

土地公是最給力的財神爺

不管是「天富福德正神」或是「地藏福德正神」，在向祂祈求財運時的道理都是一樣的。然而世人最容易犯的毛病就是一旦知道福德正神原來有神職區分之後，第一個浮現的念頭幾乎都是：「天富大還是地藏大？」「要不要兩個一起拜？」「只拜一個會怎樣？」這就是人們常說的「分別心」，總是會去區分神格大小然後選擇最大的去拜，這是一種觀念上的謬誤。以土地公來說，再小的土地公也受人香火供奉，而身爲凡人的我們，凡事尚要焚香祈求，有何資格評鑑神格大小？如果拜神也這麼「勢利眼」，會拜出靈驗和奇蹟那幾乎是不可能的事情。

就現實面來說，對神的崇敬是出於個人的無能，因爲無能所以才希望能夠透過神的外力從中幫助，既然有求於神，又怎能抱著大小眼的心態入廟？神所以爲神，是因爲祂的能量從人格提升到神格，於是具有高於一般人的能力，既然如此，祂就應該獲得應有的尊敬。

中華文化的道法中，土地公是屬於自然神一類，人們因爲需求而憑空創造出神名，想像著祂的力量將爲人們帶來無窮的幫助，因此，幾乎不曾聽過土地公是某人死後被封敕的傳說。這就好像當年釋迦牟尼爲了度不同的人，於是憑空捏造了許多不同的佛名一樣。然而這裡要注意的是，不管神或是佛，都是必須靠累積功德才能提升神格的，而功德則是看該神是否有受到眾人的信仰，或是香火是否鼎盛。例如土地公和大自在王佛，人人熟識土地公卻對大自在王佛極爲陌生，以功德力來說，大自在王佛的功德力自然沒有土地公高，因爲大眾對土地公的信仰高於大自在王佛，人們有事相求也大都趨向土地公廟，因此，不管神或佛，當祂不爲人們所認識時，人們對祂缺乏信仰，於是祂也就沒機會爲祂自己製造功德提升神格。因此也可以說，任何神或佛一旦失去人們的信仰，就能量體而言，充其量祂也不過就是個「得道」者，在道教中稱爲「眞人」，在佛教中稱爲「佛」，兩者間其實是等量齊觀無分軒輊的，並沒有誰大誰小的差異。

神之所以爲神，是因爲祂必須透過幫助有求者，藉此提升祂的功德力。佛的功德力在於幫助往生者克服死亡的恐懼，於是提出來世成佛，以此慰藉即將往生者的心靈，其功能很像台灣早期的接生婆，接生婆幫助每一個小孩來到人世間，而佛幫助每一個信仰者在臨終之前接引往生。佛的另一個功能是勸人放棄人間一切功名利祿富貴貧賤，以淨化超脫靈魂爲訴求，在道法中也提出諸多修行之法，希望跳脫三界成就靈體得道登仙。但另一方面，道學與佛學最大的不同，在於道學提供更多可能的空間，它一方面接受輪迴與淨化的說法，而另一方面也積極面對眾生所求，並以其所修所得，與人們做功德與錢財的交換。

本節中所說的：「土地公是最給力的財神爺」就是這個道理。向土地公求財，求的是世人認定的現金貨幣，而向佛祈求的財則是布施之財。佛法認爲世人的錢財是罪惡之源，唯有早早去除身心靈才能得以淨化，因此，佛家所謂的財是指對佛的供養，而不是一般人所認定的錢財意義。或許你可以這麼理解：佛既然認爲庸俗的錢財會阻礙每個人的修行之路，祂又怎會如你所求的賜予你錢財？

但在道學的觀念中，卻認爲每個人來到人世間都有必須面對的責任、欲望、目標，在期待靈魂體淨化的前提下，道學認爲人們必須珍惜自己的肉體，不應該空乏其身任其凋零。佛法與道法是一體兩面的說法，佛家說因果關係，道學說陰陽理論；長生、安樂、富貴、尊榮、顯名、嗜好、財貨、得意、情慾……佛家認爲應該全部拋下，唯有跳脫三界、往生淨土才是最後的歸途。道家卻認爲這些都是宇宙自然的規律，就像四季的變化循序漸進，應將其視爲自然的本質，而不是就此耽溺不前。死亡、憂患、貧賤、羞辱、毀棄、損傷、失意、災害、刑戮、誅罰等等，佛家認爲應該消極地予以接受，但道家認爲這是陰陽的變化關係，可以透過積極的行爲予以彌補，使其能各歸本位、各安天分。

在不同的觀念衍生下，兩者雖然都有財神的存在，但因不同的理念而使得財神的執行路徑有所不同。佛家以布施爲財，道家則以世俗爲財，因此在膜拜時就可以清楚地感受到不同的神意與不同的聖蹟。佛家信仰者逐漸了解四大皆空的眞諦，因此逐漸放棄俗世物欲、情欲的追求，回歸內心寂靜的沉潛；道家則是透過物欲、情欲的滿足之後，慢慢讓世人了解事物的變化原本就是榮盛枯衰的必然過程，毋須狂悲也毋須狂喜，恪盡爲人之責，並且深刻體認自己的個體原本就是出於天地間的能量，並且與天地自然相融相合，而透過這樣的領悟，人心或人性才能用更平衡的情緒看待世間事物。

簡單來說，道法自然的過程中，道法先滿足每個人所求的願望，而在心滿意足之後，反觀內在的本我是否因此而身心靈飽滿，所以道家的財神爺，手上大都以持元寶的形象示眾，而且財神的名稱也不斷的增加：五方財神、八方財神、文財神、武財神等等。而土地公在所有財神系列中，幾乎是無所不包的，舉凡士農工商，不計較禮俗、不在乎排場，凡是有德者皆可向祂祈求一臂之力。

不要以爲土地公只是一尊小小的土地神祇，既然祂正名爲福德正神，那也代表著三界的主宰賦予祂凡有功有德者，皆可由祂賜予福報的恩澤。

兩年前，有位經營水果批發生意的朋友，他也是一位虔誠的膜拜者，在一家宮廟拜了很多年，他說當他決定從農會公務員生活轉戰商場之後，他就在朋友的轉介下，在南部某宮廟擔任主任委員多年，在神明的庇蔭下生意也算一帆風順。但幾年下來，他始終覺得缺乏一股推動更上一層樓的力量，雖然宮廟的乩身也鼎力幫忙，不斷地給予指示，但成效仍然乏善可陳，若是按照拜神祈求的事情來說，他該辦的幾乎都辦光了，但在生意上或財運上，仍然是棋差一著，這令他百思不解。他說他自認並非貪得無饜的人，但他的意識上始終覺得他應該還會有更好的發展，只是不知道他自己的盲點到底是在哪裡？

那一年認識他，吃了他家種的鮮甜芒果後，大家閒聊時聊到此事，那時我對土地公顯靈的事情正在熱頭上，有幾位朋友受惠於土地公的庇佑而開始柳暗花明，於是，便問他家裡附近哪裡有土地公廟，心想或許可以請土地公稍稍推他一把，朋友想了一下，就說他家附近的確有間頗具規模的「福德廟」，供奉的主神正好是福德正神，那幾天正好福德正神壽誕，廟裡正在大規模慶祝香火鼎盛，於是我便請他備好紙錢，一起去請示土地公如何增補他的財運。

才到廟前，就聽見土地公大笑說：「功德主來了！」土地公所說的「功德主」就是指常常給廟裡捐錢的人，於是，我心想朋友這次入寶山應該不會空手而回了。

透過擲筊的請示，我們終於慢慢清楚土地公的意思。土地公說朋友做了很多的功德，不單單只是捐錢給廟裡而已，憑著他這些功德可以轉化為有形的錢財，藉此幫助他的運勢和財運。我轉達了土地公的意思，卻不明白他所說的功德到底是哪些，朋友一聽也是丈二金剛摸不著頭腦，想了老半天他實在想不出他到底曾經做過哪些可堪稱爲功德的好事，估摸了半天後他才說，從他棄公從商之後，他經常都會把水果或其他農產品不定時的運送到偏遠地區，餽贈給貧户或是清寒的學生，但他不知道這算不算功德？在他的想法裡，他只是覺得東西賣不出去，放久了任其腐爛是很暴殄天物的行爲，因此與其腐爛丟棄，不如花點力氣把可食用的東西贈送給需要的人。

他當時只是一個很簡單的念頭，沒想到冥冥中被記錄下來，成爲神明口中的功德，這眞是讓人始料未及的地方！莫怪古人說：「勿以善小而不爲」、「舉頭三尺有神明」，即使是渺小微不足道的善舉，日積月累之後，也會成爲如巨石般的力量。

得到土地公的指示後，我們開始準備四品禮物要幫他呈報功德，但朋友對於此事卻仍然抱著半信半疑的態度，對他而言，向神明求財怎會是這麼輕而易舉？

但世間的道理就是這麼簡單，彷彿回到過去沒有貨幣的時代，你有雞蛋就可以去跟鄰居商量換一把蔥，你有一把蔥就可以去跟他人換一顆你想要的辣椒，這就是「交易」最初的原始模式。拜神也是相同的道理，只不過你和交易的不是蔥和辣椒，而是將你的善舉交換神的功德，能量的流轉從來都是不增不減、不明不滅，只是透過某一種平台進行「交易」，這種平台就是誠心、善念、紙錢、蓮花、膜拜。

半信半疑的朋友從那次至今，每個月都會自己載著整車的紙錢前往福德廟燒化，他說他第一次去過福德廟之後，返家的路途中，就接到同行找他去大陸推銷台灣水果的活動，並且告訴他大陸同業願意用美金與他交易，當時他簡直不敢相信竟然會這麼的神奇。

假如你想要請土地公或其他財神賜予財運，不妨先想一想自己有什麼功德可茲利用，如果土地公鑒察之後知道你具有許多功德，那麼祂所賜予你的財運就會比較多；如果你的功德寥寥可數，基於土地公的慈悲，祂也會把祂的功德撥給你「暫時」紓解你的困境。不過你也不要白白拿了土地公的好處而不知感懷，必須憑藉祂所給予的福報，繼續創造累積功德，才不枉祂的一番餽贈。這就是爲什麼同樣都是求神，但爲什麼每個人所得到的效果不同的原因。

祈求土地公賜財需準備的四品禮物

・稟文

要祈求土地公賜予財運之前，必須先用一張A3或A4大小的**黃紙**，以紅色的筆書寫稟文，書寫的內文大意如下：

> **祈求福德正神助財稟文**
>
> 今日良辰吉時恭請福德廟 福德正神垂鑑，祈求以土地公之神威，弟子過往之功德化引現時福報，助弟子事業興旺、財源滾滾，若蒙恩澤，願以所得福報行功造德利己利人答叩神恩。

求辦人：王小明，民國六十一年農曆二月二日吉時瑞生

現居中華民國台灣省台北市福德路一〇八號

備辦四品禮物如後：

1、四色金六份 2、刈金二十支 3、福金三十支 4、天錢六十支、地錢六十支、水錢六十支 5、黃錢二十支 6、白錢二十支

7、壽生蓮花十二朵 8、甲馬二十支

恭請

福德廟 福德正神 鑒納

弟子王小明叩求

中華民國一〇一年三月十八日

・準備紙錢與供品

供品：

1、鮮花一對。

2、五果一份。

3、礦泉水一瓶。

4、小蛋糕一份。

5、花生糖一盤。

6、金元寶（塑膠鍍金）六顆或十二顆。

紙錢：

1、四色金六份。

2、刈金二十支（環保型，一包有十小支）。

3、福金三十支（環保型，一包有十小支）。

4、天錢六十支、地錢六十支、水錢六十支。

4、黃錢二十支。
6、白錢二十支。
7、壽生蓮花十二朵。
8、甲馬二十支。

拜拜步驟

1、將以上供品和紙錢置於土地公的案桌上。
2、點三炷香，先朝廟外向玉皇大帝稟明你今天是來請土地公「天地運財」。
3、面對土地公，按稟文唸一次，唸完後將稟文置於桌上。
4、擲筊請示所準備的紙錢夠不夠，若是一次「聖筊」即可以燒紙錢；若是「蓋筊」則要將所有紙錢逐次擲筊，找出是哪一種紙錢不夠。

5、擲好筊後，將紙錢拿去燒化即可。

注意事項

1、拜好的水果、礦泉水、花生糖可帶回家自己食用。

2、小蛋糕留下來讓土地公慢慢享用。

新北市烘爐地土地公神蹟

據說新北市中和區烘爐地的土地公原本只是該座山的山神，該山神是一條修練成精的龍神，傳說很久以前，這條孽龍被鎮伏在山頭下許久不得脫身，鎮伏祂的大仙有一說是呂仙祖，另一說是東華帝君。這條大龍有五子，見龍爸爸久困不得脫身，因此去請道德天尊太上老君幫忙，在老君面前祂們信誓旦旦的承諾一定會棄惡揚善、皈依道法。在老君的背書下，龍爸爸得以脫身，此後父子六人決定幫助世人行功造德累積善因，因此數十年下來累積出名聞遐邇的烘爐地土地公廟。

大部分的人都知道要去烘爐地請土地公保佑，必須在晚上深夜時分上山才會靈，因此，每逢彩券開獎之前，上山的香客也都絡繹不絕，小小的山頭燈火通明，把一條羊腸小徑塞得水洩不通。

民間有傳說，拜陰神必須晚上去才會靈，例如早前曾經名噪一時的淡水十八王公廟，同理，有些人也會懷疑烘爐地的土地公越晚越靈，是不是也是屬於陰神的一種？烘爐地的土地公會在夜晚靈氣聚集，最主要的原因是因為這位土地公是龍神與祂的五個龍王子盤據山頭之故，龍神吐氣時分大都是在子夜時分，也就是晚上的十一點到翌日的凌晨一點。龍神吐氣就像樹木排放氧氣一樣，對祂而言是廢氣，對人而言卻是物以稀為貴的「財氣」，許多人在特定的時間接收到這股「財氣」之後，工作、事業都有很大的幫助，尤其是業務工作的人，在錢財的進帳上都有明顯的增加。難怪半夜上山求財的人有增無減，原因即在於子夜時分的「龍吐水」。

但龍神吐氣並非每一天都是對人有幫助的財氣，主要原因就是因為龍神的五位龍太子，分別是金龍、水龍、土龍、火龍、木龍，祂們各有輪值的時期，假如缺金氣的人上山時正好遇到金龍當值，那麼他所接收到的就是幫助財運的金氣；相反的，缺金氣的人上山時正好遇到水龍或火龍當值，那麼就無法直接接收他所需要的財氣。

五位龍王子當值的時間基本上是以月令爲主，粗略來分，木龍當值農曆的春季一、二、三月，火龍當值夏季的四、五、六月，金龍當值秋季的七、八、九月，水龍當值冬季的十、十一、十二月，土龍則是當值三、六、九、十二月的後十八天。

過去烘爐地尚未限制燒紙錢時，很多人帶著諸多的紙錢上山，請龍神轉換財運，都可以得到很大的功效。記憶中最深刻的是一位從事汽車銷售的朋友，當時他每個月上山一次燒紙錢，那一年中，他平均每兩天賣出一部汽車，當時在朋友間引爲神奇佳話。此外，還有其他各行各業朋友都獲得極大的庇佑。

但現在受到環保法令的限制，烘爐地已經不允許香客大量焚燒紙錢，神奇的事蹟也因此較爲減少，但若是想要上山接收龍吐氣仍然是可行之道，只要把握你需要的五行之氣是哪一種，在那個節令去，通常都可以入寶山滿載而歸。

雖然現在限燒紙錢，但要上山「採氣」的人依然可以備妥四品禮物，以及少量的紙錢在山上燒化，而要把握的兩個原則如下：

原則1

另外再準備六十支福金、三百六十顆壽生元寶（或是一百八十顆金元寶），以這些福金、元寶向烘爐地的土地公祈求「無形財轉有形財」，擲筊經土地公同意後，將這些福金、元寶攜帶回家，於初一、十五或是初二、十六，在住家附近的土地公廟燒化。

原則2

除了拜烘爐地的土地公神像之外，後面有個石碑刻的龍神牌位更是不能錯過，必須準備黃錢、白錢各一支放在龍神供桌上，作爲接收龍氣的答謝。

如何向土地公求事業運

- 如何向家神土地公求事業運
- 商家如何在門口拜土地公求生意興隆
- 如何在土地公廟求事業運
- 南投竹山紫南宮土地公神蹟

大部分的人拜拜時，如果求的是事業，通常都是拿起三炷香，對著神像說：「神啊，請保佑我事業順利……」幾乎每個人都是這麼說的。但如果深究「事業順利」的內涵，就不難發現要讓事業順利，起碼要包含兩個層面：一是機會、一是實質的獲利，這兩樣要件俱全才能稱爲「事業順利」。

然而，我們不妨想一想，會在神明面前拿香祈求「事業順利」，通常也有兩種意義：一是目前事業並不順利，一是擔心未來事業不夠順利。不管怎麼說，人們對神的祈求往往是來自欲望的牽引，希望改善或是希望要求更好。但如同前面所說，如果「事業順利」起碼包含著「機會」與「實質獲利」，那麼這就關係到「天富福德正神」與「地藏福德正神」之間的互通有無了！因爲一位是「機會」的神祇，另一位則是負責運送「實質獲利」的神祇，也就是說，假如你拜的是「天富福德正神」，那也勢必要去請「地藏福德正神」幫忙，兩者雙效合一，效果自然加倍。

不久前陪一位朋友到地母廟，請福德正神賜財運，但是擲筊許久，福德正神不是給「聖筊」就是給「笑筊」，根據拜神的經驗，這樣的筊意通常是帶有一番玄機，如果翻譯成白話文，可以理解爲：「我不是不賜你財運，而是你的財運被你的業力困住，所以，我無法把財運給你。」經過擲筊請示後果然是這個意思無誤，因此就要開始請示是被什麼業力綁住。問了許久又是問不出來，這時想到地母廟是地母在做主，福德正神肯這麼「通風報信」已經算是很慈悲了，經過請示後，果然是「暗示」我們要去請地母處理業力的事情。

向地母請示之後，果然找到朋友的業力是來自他被同行以「符錄」困住財運，這時，只好趕緊請地母處理有關「黑符」的事情，地母筊意示現大家冤家宜解不宜結，只要朋友同意不再追究元兇，祂就願意提供解套良方。朋友剛開始頗不能釋懷，後來想想，感懷地母的德澤因此也願意化干戈爲玉帛，因此在地母的庇佑下，準備了四品禮物當場處理化煞一事。

妙的是化煞一事處理完畢之後，我們再到福德正神處請求賜財時，土地公竟然連續出現三個聖筊，願意幫朋友運送財庫，這使得朋友喜出望外，而在回家的路上，公司的會計小姐打電話來說，某某客户已經把一筆貨款匯入公司帳户内，朋友握著手機怔愣許久，後來才跟我說，眞的太玄了，這位客户的貨款已經遲繳一年多了，他早打算當作呆帳處理，沒想到此時他把貨款匯進來，而且是不早不晚剛好是他拜完地藏福德正神之時！

於此同時，有一天在購物台上看見購物專家販售招財法器，專家口若懸河的說，買了這個招財法器保證會讓你一直賺大錢，如果你沒買，做生意就會一直虧錢……或許他所販售的眞的有意想不到的效果，但詛咒式的的行銷話術卻也有強人所難的感覺，聽起來頗不厚道。

姑且不論電視上販售的開運物究竟是百試百靈或是言過其實，基本上靈與不靈還是要經過時間的驗證，但是在拜神求財的過程中，許多膜拜者的經驗是在極短的時間内，就會讓你產生有如神助的感覺，甚至會覺得不可思議，驚嘆奇蹟竟就在轉瞬間完成！相比之下，與其花價值不斐的金錢去買一個靈與不靈各佔一半機率的東西，不如試看看花更少的代價所帶來難以言喻的體會。

有位讀者曾經是電視開運物的固定咖，只要一推出什麼新的開運商品：貔貅、水晶、窗簾、內衣、內褲、錢母等等照單全收，最後她從膜拜中找到了捷徑，甚至還把歷來所收集的開運商品悉數打包束之高閣。這位讀者後來語重心長的說：「現在我才知道我自己就是開運物，沒有自己身體力行的去求、去做，幸運絕不會憑空降臨。」現在她是信仰的最佳執行者，每逢假日她的車上必定載滿紙錢、元寶前往福德正神處，一方面祈求生意興隆，另一方面便當作是工作之餘的休閒活動。

如何向家神土地公求事業運

對於家中的神祇，不管是關聖帝君或是觀世音菩薩、媽祖乃至福德正神，我始終認爲祂們的神靈是來自家中有德勳的祖先，有功有德的祖先榮受神格之後，再返回人間成爲家中的守護神。

在引領許多朋友參拜引導神或是接財庫時，總是會從廟裡的神尊處得到指示，應先從家中的神尊開始求起。有一次去廟裡拜拜時，遇到一位中年朋友，起先他端視我許久，後來彷彿鼓起勇氣般的趨前問我是不是拜拜書的作者？我知道又是一位不期而遇的讀者，便請問他有什麼事，他說他從事裱畫的行業已經二十多年，現在裱畫的行業似乎已經沒落，加上這幾年經濟景氣的衰退，使得他的營生彷彿雪上加霜一樣，他今天到廟中拜拜，就是祈求神明能給他指點一線生機。

相逢自是有緣，於是我便問他能給他什麼幫忙，他說他想讓我幫他找引導神，於是我便帶著他去請示玄天上帝。雖說獲得玄天上帝答應成爲他的引導神，但是在擲筊的過程中卻頗不順利。這在接引導神的過程中是很不尋常的事情，反覆不定的筊杯讓人很難揣測神意，若是按照筊杯的意思，彷佛是他在接引導神之前必須先辦理其他的事情，而我也逐一的請示是否需先辦理其他事宜，但所得到的筊意都是反覆的「笑筊」。最後我把接引導神和他覺得事業不順的事情合併聯想，當時也不知哪來的靈感，便請示玄天上帝是否是要指示他解決事業上的問題？沒想到兩筊一落地，竟是讓人直呼神奇的「聖筊」！不過謎底雖然揭曉，但接踵而來的另一個問題，便是他該如何透過拜神得到神祇的庇蔭？

這問題讓我在廟裡差點抓破頭，多次擲筊未果之後，我終於向玄天上帝申請暫停，先到廟外休息片刻清醒一下腦袋，正要走出廟外時，眼睛彷佛出現了幻覺一般的看見一個老人從我面前經過，再眨一下眼睛，老人便消失了。當下我以爲是我自己看花了眼，但憑著過去的經驗，我突然福至心靈的轉身問讀者，家中是不是有供奉神明？讀者歪著脖子想了老半天，才說他南部老家從他祖父時代就供奉了一尊土地公，只是北上之後他很少返回南部，因此也不確定那尊土地公神像還在不在。

聽他這麼說，我便「將錯就錯」的問他記不記得老家的土地公神像是什麼模樣？他含糊的說，土地公的神像是原木的，但因長期煙燻，所以外表顯得烏黑……聽他的描述彷彿與剛才「視覺誤差」所見有點神似，於是我又拉著他再度回到玄天上帝面前請示：「是不是他要回去拜家裡的土地公，才會對他的工作事業有幫助？」這次是個明確的「聖杯」，果然沒錯！可是，原本以爲幫他找到了答案，他應該會很高興才對，沒想到他收起笑容若有所思的說，他已經很久沒回去拜了，不知道土地公是不是肯幫他？再者，家神終究是小神，也不知道是不是能夠大顯神威助他度過難關？

面對他的質疑，我也顯得有點意興闌珊，**對於常常把希望寄託在神身上，卻又對神威「大小眼」的人，我總是懷疑他的誠意是否足以讓神尊願意幫他？**但我也願意相信人們對神的畏懼、依賴是由於對信仰的本質認識未清所致，因此，就本意而言並未構成「褻瀆」的要件，於是我繼續跟他說，不如按照玄天上帝的指示，先返回家中敬拜家中的土地公再說。同時我也代他祈求，請神明指示他與家神土地公的因緣，讓他不僅得以感受也能從中獲得實際的幫助。

事實上在多年的拜神經驗中，即使他未能先獲知他與土地公的因緣關係，但我隱約已經感知他家中的土地公必然是來自他家族祖先的一員。

類似的情形也曾經發生在一名朋友身上，當日有人也是上山求助於玄天上帝（眞巧，兩件事都發生在松柏嶺玄天上帝廟），經玄天上帝指示，友人的一位祖先已經神格榮升爲福德正神，就在偏殿享受人間煙火，並囑意要他先去向神格祖先膜拜。友人一聽內心激動莫名，雙膝一跪就趴伏在福德正神面前叫起爺爺來。讓人覺得不可思議的是，在離廟返家途中，他接到他老婆打電話來要

他趕快回家，因爲家裡的店門口突然來了兩輛載著大陸觀光客的遊覽車，一行人像蝗蟲過境似的橫掃店裡的商品，此後，友人豬羊變色生意扶搖上青天。

在引介朋友、客户拜神的過程中，常會發生一些巧合又有趣的事。例如同一個時期出現的人大都是同一個引導神的弟子，那段時間幾乎常遇到與福德正神有緣的人，似乎冥冥中潛藏著一股力量，把一些相關的人推聚一起，上面所說的兩個例子，事實上發生的時間相距不到兩個月。

從事裱畫的讀者返家之後沒過幾天，打電話來說，他已經把南部老家的土地公迎請到北部家中供奉。另外他還說了一件很奇怪的事，原來他在請土地公時，發現神像後面夾藏著一張紙條，從破舊的紙張推論年代應當很久遠。他小心翼翼的打開紙條，裡面很工整的用毛筆字書寫著幾排字，内容寫著：「福德傳家，謹立奉行」，落款的時間則是清朝康熙年間，想來應是他家族中某位祖先所謄寫。而既然能工整的寫出這八個字，可以想見這位祖先必定也是位行功造德的有福之人，畢竟人的一切福報都是由功德衍生，因此，是先有「德」再有「福」，而不是先有「福」再有「德」。

這事引發了我的好奇，因此我接受他的邀請到他家中拜訪，經過多次的擲筊、交感，慢慢得出一個結論：朋友家中的土地公是由他家中的祖先所榮升，土地公祖先也願意以祂生前的功德幫助他事業興隆，但他也要繼續勤做功德，以便讓祖先的神靈可以繼續榮升。讀者當然一口答應，而之前對家神是否「夠力」的疑慮也消失殆盡，取而代之的是對祖先庇蔭子孫的慈悲感到緬懷與榮耀。

在拜家中土地公沒多久之後，他南部鄉下的堂兄弟們捎來消息說，鄉下的農地突然變更成功成爲住宅用地，按照比例分配他可以得到一筆不算少的獲利，他喜出望外之際，對家神的庇佑從此更深信不疑。現在，他仍然從事他的裱畫行業，客户不知從哪來冒出來似的，讓他每天應接不暇，但畢竟已經年近中年且身上又有一筆財富傍身，對於工作他只是視爲晚年的休閒活動，因此做來不疾不徐品質更見提升。而閒暇之餘，他依照他的承諾勤拜廟宇參與義工，企圖幫他的祖先土地公繼續提升神格。

家神會成爲家中之神，必然跟這個家族有絕對的關係，因此別小看了這小小的一方神祇，有時候，最夠力、對你幫助最大的往往是你當初不屑一顧的家神。

要在家中供奉土地公並不難，經濟寬裕的可以去請一尊金光閃閃富貴滿門的土地公神像，若是經濟不寬裕的人，也可以用一張紅紙寫上土地公的神號，在誠心供拜下，依然可以神威顯赫大放異彩。

一般在家中供奉土地公，大都是早晚一炷香或是三炷香，但有些人會把所謂的敬茶忽略掉，或是不懂得在案前擺上三杯清茶，其實這三杯清茶可以理解爲「財水」，早上的時候進香供上三杯清茶，晚上時進香，再將這三杯清茶自己飲用，不僅可以增添財富能量，同時也具有化煞去邪的功能，因此，這三杯清茶對熟悉門道的人來說，是不可忽視的珍寶。

若是要對家中的土地公有所求，並不限定在初一、十五或是其他時間，家神猶如家中的長輩，任何時候都可以請祂施展神威助你一臂之力，反倒是在每月的初一、十五拜拜時，記得要多燒一些金銀財寶的紙錢給土地公，未來有需要請土地公幫忙時，祂才有足夠的資源協助你。就如同之前我提到過的，我的母親拜家中的土地公四十多年，逢年過節就燒許多紙錢給祂，當我的哥哥或我陷入窘境時，我家的土地公總會在恰當的時刻給予我們化險爲夷的機會，以前並不懂得這些道理，自從深入拜拜一途之後，才深深感覺到家神對我們的庇佑，就彷彿像家中的長輩眷顧子孫一般。

向家神土地公祈運需準備的四品禮物

供品：

1、三牲。

2、五果。

紙品：

1、福金十支。

2、刈金十支。

3、壽生元寶三百六十顆。

時間：

每月的初一、十五。

將以上紙錢燒化給家神土地公，猶如給家中長輩零用錢一樣，老人家把零用錢存下來後，又會將此紙錢轉化爲現世福報回饋給家中的人，如此生生不息的循環，就會如一般所說的：「積善之家必有餘慶」，影響所及不僅是事業、財運的改變，更是一家人和氣生財的最佳方法。

商家如何在門口拜土地公求生意興隆

根據台灣人的習俗，開店、開公司做生意的人大都會在每月農曆的初一、十五，初二、十六敬拜土地公，藉著紙錢的供奉和對神祇的膜拜，祈求事業順利生意興隆，幾乎已經成了每一位經商者的全民運動。

台灣有句俗諺說：「有燒香有保庇，有拜神有行氣（通氣之意）」，記得好多年前，筆者那時仍在台北開館從事命理諮詢行業，當時台灣命理業正大興其道，奇人異事大師輩出，初出道的我人脈不廣客源有限，要拓展事業並非易事。正在煩惱之際，有一晚上做了一個夢，夢中我身處於一個鄉鎮村落，每一戶百姓人家的房子都是茅草屋蓋的，我站在其中一戶人家門口，有位老人家悠閒的坐在門檻上，老人家鶴髮童顏、氣定神閒的笑望著我，並且對我說他是這村子裡的村長，村裡的每一户人家都是他的子孫輩，我禮敬客氣的問他如何稱呼，他說這村子裡的人都姓黃，他的輩份最高，他叫黃○○。後來村外好像來了一群送糧食貨品的商隊，老人家似乎知道商隊已經靠近村口，笑著說：「他們是來送貨的，我正在等他們。」我轉頭一看時，夢已結束，意識從夢中清醒，但對幾分鐘前的夢境卻是歷歷在目。

起身後我針對夢境做了諸多的推測，但始終不得其果，隔了一天，我在捷運上遇見一位老人家，他正對他的孫子說：「……做生意要好運，就要拜土地公……」我在旁不經意的聽見他這番話，腦海裡猛然記起昨晚的夢境，彷彿是冥冥中派人來提點似的。

那個月，我入境隨俗的在初一準備好供品，在自家門口禮敬土地公，希望能讓工作事業更加順遂。但拜完的那天晚上，又夢到那位「黃村長」，老人家笑著對我說：「你請別人吃飯，怎麼沒有順便請我吃飯？」他哈哈大笑後，我就從夢中醒來，左思右想終於理出一個頭緒來，於是到下個農曆十五時，我一樣在門口設案拜神，同時也呼請家裡的土地公一起出來歡饗盛宴。

當時我只是根據前後兩個夢，歸納出土地公有分「內土地公」、「外土地公」，我將「內土地公」稱爲「錢伯」（其職能與地藏福德正神類似），「外土地公」則是一般人常拜的福德正神（其職能與天富福德正神相同），而拜拜時只要口頭上一起呼請，另外再準備一份紙錢給「錢伯」即可。

這一次拜好後，沒過幾天，一位許久不曾聯繫的朋友突然打電話來，他在不久前轉職某電台工作，他要我幫他介紹可以上電台的命理講師，於是我立刻毛遂自薦，朋友並不知道我除了寫書外也另外拓展命理諮詢一事，乍聽之下以爲我在開玩笑，經我一再說明之後，他才「放心」的邀請我去上電台的命理節目。在第一集播出後，朋友又打電話來說，他有一位朋友在電視台製作節目，聽過我的廣播之後想請我上他們的節目，對當時默默無名的我來說，這樣的好機會我當然二話不說一口答應了。後來因爲彼此投緣，原本只是去上一集電視節目，沒想到最後卻一直參與到節目結束，而透過媒體的傳播，我逐漸的開始擁有自己的客戶群，並且擁有穩定的事業運勢。

對於拜拜一事，我似乎擁有一種自己無法解釋的天賦，或許這是我潛意識中喜歡探究「爲什麼」的性格，我總是喜歡觀察在既有的拜神紙錢中，研究爲何要燒不同的紙錢、每一種紙錢又各代表什麼意義、作用？於是，當我從中發現並且開始每月拜兩次土地公、錢伯之後，我繼續「加碼」在原有的紙錢中再加入自己對拜拜的理解，增添其他的紙錢，使得對於「祈求」一事，產生了一種無法言喻又深感快速的方法。

後來因緣際會認識了一位客戶朱媽媽，我認識她的時候，朱媽媽是個負債三千多萬的「落跑人」，因爲一夕之間由一個生活優渥的魚貨販賣商淪落爲債務人，使得她長年腦神經衰弱無法入睡。談話過程中，她語重心長的說，她覺得以前她最旺的時候，也是她沒事燒紙錢最多的時候，後來，她的先生在大陸開公司，受友人影響認爲燒紙錢是迷信和不環保的事情，返台之後便禁止家人初一、十五燒紙錢，改以虔誦經文、回歸「正信」宗教。自此以後很巧合的，先生在大陸的公司頻頻出事，最後一場大火更將他們的產業燒毀殆盡。而朱媽媽在台灣的店受丈夫波及，一個月之間連續跳票，最後朱先生在大陸滯留不歸，朱媽媽和女兒則連夜潛逃躲避錢莊追索。

其實，並不是不燒紙錢而使得這一家人屋漏偏逢連夜雨，從命理軌跡來看，是他們的運勢已到了江河日下的階段，加上他們此時斷絕神尊的庇佑，造成福神退位、回歸本命軌跡。從命理上來說，也有遭逢厄運卻因虔誠的信仰而化險爲夷的案例，因此，兩相對照就不難理解一個人的成功有時也需要其他的助力，因爲一個人在即將失敗時，也會因某個意念的轉變而改變了原本的榮景。

與朱媽媽的一番談話，讓我體認到當時我將土地公的拜法區分爲內外土地公，並且增加了紙錢的數量與項目，應該是不謀而合的選擇。事實上，當我這麼做之後，也的確在運勢上產生了神奇的改變。於此同時，那時另有一位同行的大姊，私下勸我像她一樣花一百萬去做一個開運生基（活人塚），但我認爲這樣的「法」聽起來有點怪誕詭異，因此並沒有聽從她的建議。我總是相信宇宙法界一定存在某些正氣能量，憑藉個人的誠心和勞力，一定能改變自己無法改變的事實。於是，我才會從「尊天」、「崇地」、「孝親」、「敬祖」這四個方向去找尋最大的好運公約數。幾年下來證明我的想法是對的，對照做生基的前輩的現況，讓我更相信秉持正信的心態拜神燒紙錢，不管有沒有效，至少它是最安全的作法。

後來，我建議朱媽媽以她女兒的名義另起爐灶，她的女兒同意共同努力之後，找了一個小巷子開起海產熱炒，她們複製了我開店拜土地公的方法，每月虔誠敬拜土地公和錢伯，小巷子裡的春天竟也驅走她們陰冷的寒天，她們重新站起來，憑著自己的努力和神力的加持，逐漸的清償親友的借貸，從信仰中找到信心並且開始從事「三赦」和「三庫」的拜拜方法，每次回台北我們總是一起去拜引導神，將一切功德迴向給自己的引導神，並請求賜予人生福報。

屋內錢伯的身分基本上介於土地公和地基主的之間，是土地公也是地基主，除了以拜地基主的方式拜求之外，在供拜土地公時也可一起尊奉地基主為錢伯並供拜，所謂禮多人不怪，多一個尊稱得到的力量庇佑則是讓人嘖嘖稱奇。

商家每月初一、十五或初二、十六在店門口供拜土地公時，基本上具有三種意義：一是供拜土地公，一是屋內的錢伯、另一個則是所謂的「路頭神」。路頭神可以理解為是在街上遊蕩的好兄弟們，他們經常性的在這地區徘徊，每月兩次請他們吃喝一頓，有時他們也會幫你帶來不可思議的「貴人」上門，而在供拜時只要多準備一些紙錢就好，並不會為你帶來其他不便。

在店門口拜土地公需準備的四品禮物

供品：

1、三牲（雞豬魚各一）。

2、白酒三杯。

3、五果一份。

4、糖果、餅乾一份（酌量）。

紙品：

1、四色金三份（大箔壽金、壽金、刈金、福金各一支）。

2、環保福金三包（共三十支，錢伯十支、土地公二十支）。

3、環保刈金四包（共四十支，錢伯十支、土地公十支、路頭神二十支）。

4、壽生蓮花三朵（錢伯、土地公、路頭神各一朵）。
5、壽生元寶六百顆（錢伯、土地公、路頭神各兩百顆）。
6、黃錢、白錢各一包（每包十支給路頭神）。
7、甲馬一包（每包十支）。
8、雲馬一包（每包十支）。

拜拜步驟

（以開五金行的張小明爲例）

1、先上三炷香對天拜，並唸誦：

奉香拜請　玉皇大天尊在上、福德正神在上、五路四方路頭神在上
　信者張小明今日良辰吉日在自家門口：台北市長安路一百號阿旺五金
行設宴擺款敬奉四品禮物，誠心恭迎眾神駕臨鑒納，恭祝眾神神威浩蕩日

月天長，並祈求助我生意興旺貴客臨門，日夜進財神澤增光，以求安居樂業行功造德答叩神恩。

稟告完畢之後即可插香。

2、再點三炷香朝店內拜：

奉香拜請本宅錢伯在上，時逢良辰吉日敬備四品恭請錢伯鑒納，助我生意興隆人事和諧財通四海。

語畢再將三炷香插上。

3、第一次的香剩三分之二時，需再上三炷香，同時再斟酒一次約八分滿。

4、第三次進香則在第二次香剩三分之二時，同時斟酒九分滿。

5、第三次的香剩三分之二時，要持筊開始稟明：

眾神在上，信者今日準備四品紙錢如下：
福德正神：福金二十支、刈金十支、壽生蓮花一朵、壽生元寶兩百顆；
本宅錢伯：福金十支、刈金十支、壽生蓮花一朵、壽生元寶兩百顆；
路頭神：刈金二十支、壽生蓮花一朵、壽生元寶兩百顆、黃錢十支、白錢十支奉納。
恭請眾神鑒受納采，每月此時信者如數敬奉，以求顯化神蹟助我生意興隆財源順利，今日若是圓滿請賜一聖筊以便奉化。

6、語畢，若擲筊得一「聖筊」，則可將紙錢燒化。

7、若是得一「蓋筊」，稍待五分鐘之後再問一次。

8、拜好之後收拾四品禮物，即告完成。

如何在土地公廟求事業運

一般開公司做生意的人，家裡或公司若有供奉土地公，大多都是早晚一炷香、或是每月兩次的例行拜土地公儀式。隨意的買來一包金紙，並以交差了事的心態認爲「有拜就好」，甚至還會用不在乎的語氣說：「有拜就好、拜神拜心安啦……」言下之意有點像他只是入境隨俗，大家都拜他只好也拜，儼然一副「我不迷信」的形象。

但是拿香的凡夫俗子眞的一無所求嗎？身爲公司的負責人、父母的子女、子女的父母、自我的認同……在不同的角色扮演中，人們眞的不會對身邊的工作、事業、財富、感情、健康等等有任何一絲的期許？並期望透過三炷裊裊輕煙直達天聽？我常覺得「取財」並沒有錯，憑自己的勞力取得應得的收穫本來就是天經地義的事，「貪財」就有點不知節制一味盲取了。「取財」若是有錯或是被誤解為貪財，那麼和尚尼姑就不該沿街托缽化緣，廟宇就不該點光明燈、文昌燈、招財燈，而佛寺也不該越蓋越像奢靡的皇宮了，因爲這些豈不都是「罪惡的錢財」所建構的？因此，盡本份的付出自己的勞力，祈求獲得神祇的幫助，在「知足」的前提下，賺取自己的養命之源——財，這是很天經地義的事情，不需矯情的刻意掩飾，或是假借道貌岸然隱晦內心的渴望。

某回返台時遇見了多年不見的老大姊，她依舊一臉嚴肅的抽著煙、啜飲著咖啡，志得意滿的告訴我她長年持誦地藏王經，今年已屆二十年，地藏王經分上中下品三部，心平氣和的唸誦起碼也要兩小時，她早晚各唸一部，風雨無阻長達二十年，這份眞誠與耐心相信實在沒幾個人做得到。

談話間提及她當時發願唸地藏經的初衷，她說當時是因爲她的先生爲人作保，結果波及全家的經濟狀況，被保的朋友後來跑路了，銀行查封大姊家的房子，甚至追索其餘債務，從那時起，她的丈夫過著隱姓埋名的生活，名下不能有任何產業或是收入，否則將會被銀行查扣，全部債務高達三千多萬台幣，二十多年前，那時的三千多萬可以在台北市買下多少棟房子？

家中遭逢遽變，人力難以挽回，大姊在朋友的介紹下，到南部一家佛寺求助，在高僧的指點下，要她唸誦地藏經迴向業力，以求化解債務問題。二十多年過去，毅力驚人的大姊唸誦不輟，每天堅持早晚一部地藏經，但時至今日，除了她的丈夫從當年五十出頭歲變成現在七十多歲老人之外，她的家境並沒有任何的改變，丈夫依然腋窩挾著小皮包，漫無目的每天在外與人談案子，大姊為了撐起家中生活開銷，由一名原本是「官夫人」的身份變成房屋銷售的職業婦女，生活過得很艱辛，而她，仍然堅信地藏經將為她帶來奇蹟。

大姊的個性耿直坦率，幾年前就想建議她改弦易轍試試別的方法，但又怕言詞不當，被她誤認是褻瀆與毀謗，因此，一番勸解的話至今尚哽在喉間未能及時脫出。這次晤談，我深吸了口氣試著探測一下她改變的可能，沒想到大姊竟一口答應願意試看看我所建議的方法！我建議她先暫停唸誦地藏經，然後到地藏王廟請地藏王幫她處理家業問題，接著帶她去找引導神（地母），透過地母的居中斡旋，先清了她唸誦經文的業力，然後再請地母撥補功德給她，讓她可以先行改善際遇，接著再去福德正神處，請天富、地藏福德正神幫她找到生財的機會，再將財源順利引導進入她的本命，成爲她今生的福報，轉化爲事業與財運。

過了幾天，大姊介紹一位她的客户與我認識，據她說，這位客户劉先先是一位成功的「物流業」老闆，初次見面時的確是一位看起來很有老闆樣的中年男子，他氣定神閒的看著我們聊天，大姊跟他說拜拜的好處，他淡然一笑置之，笑了老半天話也不多，心直口快的大姊得不到他的回應，更不服氣的述說她這陣子的奇妙變化，從她開始沒再唸經一直說到娘家的母親決定幫他們清償債務，重新恢復他們的信譽，劉先生始終是笑著聽著一語不發，最後，他才頗富哲學的說，他覺得人應該活在當下，内心自然法喜充滿，每當他入廟時總是無所求，只是很單純的喜歡寺院中的寧靜淡定，讓他在日理萬機之餘，可以領略片刻短暫的殊勝之法。但他也敬天地拜鬼神，每月公司的初一、十五拜土地公，從來都是他的員工在幫他拜，他自己也不參與，因爲他知道他的「誠心」終將獲得神佛的庇佑。況且，他也覺得人定勝天，一個人只要無欲無求就不需向神祈求更多的福慧，現在的他感覺富裕、滿足……

一個人的智慧如果可以像劉先生這般的無欲無求，燒香拜神的確是很多餘的動作，從第一本《這樣拜才有效》開始，我一直強調拜神的前提應該是建構在「知足、歡愉」的基礎下，心如果不假外求，能如劉先生這樣的豁然胸懷，這對我來說也是人間福報的一種展現。於是，在他的眉宇微笑間，我繼續和大姊聊著，大姊的神情輕鬆活潑許多，眉頭也不再緊蹙，我告訴她這個發現，大姊張口大笑說，過去二十年她唸經唸成了習慣，假如有一天沒唸，就彷佛怒犯天條般的恐懼，惶恐不知是否會降下更多的災難。但自從她去地藏王那裡「繳旨」之後，她整個心情豁然開朗，她猜是這個原因改變了她的心情，重點是，她當初唸經是爲了改變家運，巧合的是當她決定不再唸經之後，改以「功德」

彌補「業力」，反而在極短的時間內讓她重新感受到新機。

唸經原本是宗教勸人向善的良好立意，但若是唸經最後成為一道內心枷鎖時，經文中的哲學思想也同時變成了揮之不去的緊箍咒，勤誦經文最後反而失去了原本的美意。這是大姊的心結也是很多唸誦者心中無法說出的鬱悶，不知道要唸到何時才能解決現在的問題，又擔心哪一天不唸時厄運會再度降臨，如此的口不從心，反而無法讓自己「安頓身心」，又遑論從中獲得殊勝法門？

談話中，大姊興致勃勃的續問她的先生即將參與油料生意，她問她該怎麼去請福德正神幫忙？我笑著對她說，每一個經商者都會有一筆「功德財」寄放在福德正神那裡，我建議她不妨去請福德正神幫她解「寄庫」，將這一筆功德財領回來作為經商之用。大姊一聽兩眼發亮立刻要我教她怎麼請福德正神辦理，由於我在台灣仍有休假時間，於是便自告奮勇的約她去拜福德正神。

要出發去福德正神廟的前一天，大姊突然打電話來，她說，那天初識的劉先生問她，是否也可以和我們一起去請福德正神幫他辦理領「功德財」一事，願意同往當然很好，只是那時突然想起他的無欲無求、殊勝妙法、法喜充滿……之類的話，突然之間覺得有些啼笑皆非，取財並不是貪財，觀念混淆讓自己進退維谷，應該才算毀謗正法吧？

世人將錢財視如己命，而在法界，錢財只是一種能量的轉化，在法界的公平法則下，憑一己的功德「匯兌」（轉換）對等價值的財富，因此在輪迴的前提下，錢財的多寡與功德的多寡等成正比，假如一個人在此生無法擁有願想的財富目標，或者可以理解爲己身的功德有限，那麼，拜神的目的也就在於祈請神尊垂憐，先以其功德轉化爲你今生的所需的福報（錢財是福報之一）。

而事實上，「功德」只是法界能量的代名詞，功德的形成並不僅僅只是盲目的膜拜或在宗教體制下，形成「順我者昌，逆我者亡」的約束教條。功德的形成在於啓迪人性中的「純眞」與「善良」，當這兩種心念形成之後，你便能夠擁有向虛空中擷取財富的能力，因此，虛空中的各種能量並不存在於宗教教條中，它應該是每一個人都能共享的資源，而關鍵只在於你相不相信這些能量的確存在於虛空中，並且懂得運用有效的方法轉換爲自己所需的物質。

人們因爲深具患得患失的恐懼心理，忽略己身擁有向虛空呼請的能力，因此才必須透過神祇的能力，帶領祈求者穿越時間與空間，投向虛空轉換能量，這也就是爲何拜神不單只是心意而已，你還必須準備相關的四品禮物，作爲轉換和交換的工具。

簡單來說，因爲人們受業力拉扯而無法向法界投遞訴求，唯有依靠神祇的功德，代你向虛空祈求物質能量轉換。假如有一天你眞正成爲一位品德高尚之人，知足惜福、感恩布施，那麼你也就可以放下手中的三炷香，不需向神明請求財運轉換了，因爲那時的你已因內心的純眞與善良，而擁有向法界虛空請求轉化物質能量的能力。

一般經商讀者如果要自行前往福德正神廟祈求功德財，建議的時間會是：「丙午日」、「丁巳日」、「丙寅日」、「丁卯日」、「甲午日」、「乙巳日」。這幾天相傳是福德正神施財的日子，選在這幾天前往福德正神廟求功德財，個人認爲效果會比初一、十五或是初二、十六更爲突顯。「丙午日」、「丁巳日」、「丙寅日」、「丁卯日」、「甲午日」、「乙巳日」可在農民曆中選取，在六十甲子一個輪迴中，每一次循環至少可以遇到六天是可以請土地公賜財的。

另外，若是已經辦理過「三赦」、「三庫」的人，在求福德正神賜財時，財運也會相對明顯提升，道理很簡單，當業力消化一半時如同已經清償一半的債務，這時，請福德正神轉化的財運也比較能安全的進入自己的運勢中，而不受業力阻擋。

要辦理福德正神轉化功德財一事，建議可前往主祀福德正神的廟宇，所需準備的四品禮物如下：

到土地公廟求提升事業運需準備的四品禮物

供品：

1、鮮花一對。

2、五果一份。

3、紅圓或紅糕粿三個（以上）。

4、紅棗一盤（數量不拘）。

5、枸杞一盤（數量不拘）。

6、當歸一盤（中藥，數量不拘）。

7、生綠豆一盤（數量不拘）。

8、礦泉水一瓶。

紙品：

1、廟金六份（可隨意添香油錢，若是每份都有定價，讀者亦可自備四色金）。

2、壽生蓮花六朵。

3、環保刈金六包（每包十小支）。

4、環保福金六包（每包十小支）。

5、壽生元寶六百顆（以上）。

其他：

1、功德單一張。

到櫃檯隨喜捐香油錢，請服務人員開立收據，拿到收據後，以紅筆寫上：

功德迴向○○廟福德正神，祈求功德轉福報助我事業興隆。

寫好後將功德金與紙錢放置一起即可。

拜拜步驟

1、點好香後，先到廟外朝天呼請天公（已經接引引導神的人也要呼請自己的引導神），禱詞如下：

奉香拜請 玉皇大天尊在上、師尊在上：

弟子○○○，民國○○年農曆○○月○○日吉時出生，現居○○○○○○○○○○○○○○。今日備辦四品禮物來○○宮請 福德正神辦理申領功德財一事，祈求順利圓滿，未來讓弟子事業順利財運亨通，以利行功造德答叩神恩。

2、進入大殿後，朝主祀福德正神三拜，祝禱詞如下：

奉香拜請〇〇宮福德正神在上、案上眾神在上：
弟子〇〇〇，民國〇〇年農曆〇〇月〇〇日吉時出生，現居〇〇〇〇〇〇〇〇〇〇〇〇〇〇。今日備辦四品禮物來本宮，請福德正神辦理申領功德財一事，備辦四品禮物如下：鮮花一對、五果一份、紅圓（或紅糕粿）三個、紅棗一盤、枸杞一盤、當歸一盤、生綠豆一盤、礦泉水一瓶、廟金六份、壽生蓮花六朵、環保刈金六包、環保福金六包、壽生元寶六百顆、功德單一張，以此照會，祈求順利圓滿，未來讓弟子事業順利財運亨通，以利行功造德答叩神恩。

3、主殿拜好後，再逐一持香向廟內其他配祀神稟明，祈求今日辦理圓滿順利。

4、再點三炷香回到福德正神面前，手持筊杯請示：

福德正神在上，弟子〇〇〇今日備辦四品禮物前來請求辦理轉運功德財，若是一切圓滿請賜一聖筊。

5、若是一「聖筊」，即可答謝並將紙錢拿去奉化。

6、若是「蓋筊」或是「笑筊」，則等十分鐘後再重新問一次。

7、若是一直都沒「聖筊」出現，則逐一請示每種紙錢的數量是否足夠，若是不夠，再逐一增量請示。

8、紙錢燒化後，再向廟中眾神合十答謝，收拾供品離廟返家。

注意事項

1、紅圓或紅糕粿需留在桌上不帶回。

2、其他供品可帶回家食用

3、礦泉水可以自行飲用。

到福德正神廟請福德正神轉運功德財，雖說屬於上蒼所賜的「經商財」，但並不僅止於經商者才能前往求轉。業務人員、直銷商或是一般上班族等等，如果也想請福德正神轉運功德財，也可以準備如上的四品禮物，但要深知「功德財」類似「安全基金」，非不得已實不應動用，若是已經動用了，就必須要多做善事累積功德，將所做的功德再補回功德庫中，以免未來財庫虛空求告無門。

南投竹山紫南宮土地公神蹟

全省開辦土地公借發財金的業務，應該是從南投紫南宮開始的。每年有很多人在新春過年期間，前往紫南宮向土地公借發財金，祈求新的一年好運連連、財源滾滾。二〇一一年過年時，據報載，紫南宮出借的開運金高達新台幣三億，而年底時信徒歸還的金額則爲新台幣五億元！如此高的投報率引發許多廟宇爭相仿效，也使得紫南宮的福德正神成爲全省知名度最高、信徒最多、最多金的福德正神。

紫南宮從一座默默無名的鄉間小廟，一躍成爲香火鼎盛的全省大廟後，該廟並不像其他的廟宇一樣大興土木擴大廟地，它保留原有的廟址，並在周遭建蓋便民公共設施，最讓人膾炙人口的就是全省最富文藝氣息的洗手間，它把原始的廁所功能增添了書香文藝氣息，一改大家對廁所惡臭腥騷的不良印象。

此外，廟外所規劃的商店街也成了紫南宮土地公的福澤之一，商家們因爲土地公的靈威顯赫，帶來無限商機，使得他們轉農爲商生活亦獲得改善。整個紫南宮廟區一片祥和榮景，而多年來紫南宮外觀始終不曾改變過，這對香火鼎盛的廟宇來說是極其難能可貴的，更讓人覺得窩心的是，廟方不改初衷，小小的金爐雖然無法應付眾多香客攜來的紙錢，但仍然一本廟方利樂眾生的宗旨，將紙錢統一收集統一燒化。

在廟宇文化中，燒紙錢的活動是非常必須的，但近年有些由小廟蛻變爲大廟的廟宇，卻假借環保之名不讓香客焚燒紙錢，只允許焚燒自售的紙錢，一項原則兩樣標準，使得香火逐漸稀少，實是令人惋惜悵然之事。

去年前往松柏嶺玄天上帝處進香，回程時友人突發奇想，提議前往紫南宮參拜土地公，這時突然感覺眼前似乎出現許多尊土地公的影像，像是極其歡迎我們前往一樣。友人具有一般人稱的通靈體質，經常性的可以「看見」諸多神祇，這時友人突然開口說，有五尊土地公來歡迎我們前去參拜，我心裡暗暗驚嘆，原來在朋友的見證下，我並不是胡思亂想。這時，友人又說土地公要我們各帶一件天庫、水庫、地庫錢去進香，當下我們心知肚明知道土地公欲幫我們進庫了！於是便聽從友人的建議到附近的紙錢舖採購紙錢。

紫南宮即使在平時也是人山人海，我們抱著厚重的紙錢，困難的穿越過人群，終於在紛沓的供桌上找到一方空間將紙錢擺上去。這時友人閉目凝思許久，睜開眼睛後語重心長的跟我說，這裡的土地公來頭不小，是天庭直接派任下來的。當時我並不懂得他的意思，只是覺得他又在裝神祕搞氣氛，之後不久，他繼續傳達土地公的美意說，土地公要讓我們兩人各發一個願，同時也要讓我們「隨身帶庫」。當時我雖然不是很明白「隨身帶庫」的意思，但聽起來總是感覺很吉祥似的，因此就捧香再三答謝土地公的賜福。

回程時和友人聊天，開玩笑的問他向土地公許了什麼願？友人說那是祕密，他不能說免得不靈，但他也反問我許了什麼願？我自然也是反唇相譏堅守祕密。事實上，當時我也不知道自己該求什麼，只是說希望我的書能夠熱賣暢銷，出第一本拜拜書《這樣拜才有效》時，由於是全新的嘗試，因此出版社和我都抱著期待的心情，希望這樣的內容能在一片低迷的出版市場中另闢一條途徑。

而在我們回到台北約一個星期後，出版社果然傳來捷報，告知《這樣拜才有效》在金石堂、博客來網路書店均創下佳績，並榮獲生活風格類銷售排行第一名。乍聽這樣的消息內心自然激動莫名，不由得想起那時向土地公許的願果然心想事成！於是，我立刻打電話給友人，也想知道他許的願是否也一樣實現。電話一通友人便喜孜孜的告訴我，二十分鐘之前的他剛剛被告知升上總監一職，我們倆興奮之餘互道恭喜，並一致認爲這是土地公所帶來的靈驗與幫助，而在此時我們也突然明白了「隨身帶庫」的意思，原來那是指在既有的工作上可以更進一步的意思。

紫南宮每一年都會發放招財金提供香客借貸，許多人相信得了土地公的開運金之後，一定會獲得祂的神靈庇佑。從另一方面的角度思考，人們或許更應透過此事瞭解到施比受更有福，看看不曾改變初衷的廟宇，看看不斷改變革新的廟區，紫南宮土地公嚴以律己、寬以待人的慈悲胸懷，在祂的國度中已經表露無遺。

如何向土地公求財運

- 如何向家神土地公求財運
- 商家如何在門口拜土地公求財運
- 如何在土地公廟求財運
- 屏東福安宮土地公神蹟

在佛家的觀念中，「財」可以區分為「布施財」、「法財」。也就是說，在佛法的觀念裡認為「財」並非是納為己有，而是必須放射出去廣播福田，不管是物質的錢財，或是知識、常識、哲理的傳播等等都算。於是佛家推崇「布施」與「供養」的功德，因此，對於一般人的祈求財運興隆，就理論上來說是相違背的。人們希望錢越來越多才是福報，而佛家認為真正的福報是來自慈悲的喜捨布施，其實這是一體兩面的說法，一味的布施即使獲得的是心靈上的豐足，卻也壓低了自己的生活欲望，甚至在瀕臨貧窮卑賤的際遇下，仍以「富有的心」自圓其說，但在社會的天秤下，無法與他人齊頭並論卻也是不爭的事實。

再者，一味的追求奢華的物質，而放任心靈空間日益貧乏也不是一個好的現象，哲人有句話說：「欲令其亡，先令其狂」，意思是說一個人在即將走上失敗的宿命之前，必定是先讓一個人的身心顛狂，做出一些異於常人的事情，最後步上難以挽回的絕境，這是一種不知惜福的結果，也可以說是驕奢之後所產生的必然反應。

因此，站在平衡理論的基礎上，過度的布施或是過度的奢華都不是最好的生活方式，假如一個人可以在知足的情況下，對自己現下所擁有的狀態感到滿足與幸福，於此同時，也能希望他人跟自己一樣，獲得這樣的幸福與滿足，那麼兩者間才能達到眞正的平衡，而錢財並不是衡量這一標準的唯一工具。

很多人希望透過神力的祈求獲得錢財，但爲什麼有的人現求現靈，有的人卻苦等不果？如果把錢財的獲得視爲「福報」的一種展現，那麼在眾多福報的呈現中，錢財只是其中之一而已。中國人的哲學觀中認爲，眞正的福報必須具備「福、祿、壽、考」四者俱全，福，可以泛指爲情感上的和諧與知足；祿，可理解爲錢財上的滿足；壽，可解釋爲擁有健康的身體；考，則是指最後壽終正寢，且得後世子孫的供奉追懷。

「福報」展現出「福祿壽考」的形式供人們享用，但福報的形成又是出自哪裡？是什麼因緣凝聚了福報？福報假如是因果關係中的「果」，那麼「因」

又是什麼？相對於福報來說，功德也許就可以理解爲福報的因，功德二字並不一定是指在廟裡捐香油錢或是供養佛陀，這樣的立論顯得過於狹隘。如果用佛家的語言來說，人人都具有佛性、人人都是未來佛，那麼所謂的供養便不一定是供養過去佛，而是可以將供養的心放大至所有一切眾生，那麼這才是所謂的大功德。有人說，假如有誠意的話，捐兩百元和捐兩百萬功德是一樣的，那種說法是站在「唯物論」來看待，如果站在「唯心論」來看，那麼你的初念動機爲何捐兩百元或是捐兩百萬元，這才會是決定功德大小的主因。

和我一起拜神多年的朋友，最後也因駕輕就熟而開始幫其他人接引導神或處理有關的個人事情，有時辦理過程中會遇到紙錢費用的產生，客人總是用紅包袋裝著現金，有時他回家一看，客人少付了一些紙錢費，但他從不去電追索，往往是自己掏腰包讓事情圓滿。他的想法是，客人也許是算錯帳，也可能是明知故犯，總之客人這樣做一定有他的理由和動機，但他不會因爲客人少給他多少錢而造成他生活上的困難，反過來，他總是誠心祝福客人所面臨的事情能夠迎刃而解。或許也是因爲這樣的緣故，他的客人從未間斷，甚至有越來越多的趨勢。對我而言，這位師兄的「隨緣」作法是眞正的功德累積，因此，功德的凝聚並不在你捐了多少錢給廟宇或慈善機構，而是在你量力而爲的情況下，既能施福於他人，又不會因此而降低自己的生活質感，如此，才會是最大的功德心和功德力。

向土地公求財運也是這樣的道理，假如錢財是來自功德的轉移，而你並不知道你有多少功德可以轉換多少錢財，最簡單的檢定方式，就是你必須回頭反思你如何對待你的父母、公婆、岳父母，功德的最基本要件就是「孝心」，因此，在宗教的膜拜中不斷的提出：「**百善孝為先，孝能感動天**」的說法。

茅山派的創始者陶弘景在所著的《眞誥》中說：「夫至忠至孝之人，既終皆受書爲地下主者，一百四十年乃得受下仙之教，授以大道，從此漸進，得補仙官。」又說：「至孝者能感激鬼神」，意思是說，心懷孝道之人能得神人共欽神鬼不欺，恪行孝親敬祖當然不是爲了錢財一事，但卻也是遵循禮制、誠心信守下的附加價值。

為什麼在本章的土地公求財中要詳細的敘述上列的事情?主要的原因就是土地公即是「福德正神」，福與德都是以「孝」為本源，一個人若是能夠以孝為重，孝敬自己的父母、尊重他人的父母，以此善念所投射出來的行為，自然不容易有所偏差或是矯枉過正，那麼，秉持這樣的操守自然也能受諸天神恩擁護。

如何向家神土地公求財運

雖然彩蓮姊已經六十多歲了，但每當我們叫她「正妹」時，她的丹鳳眼就會開懷的笑瞇成一條線，時光彷彿回到十八歲那年，風姿綽約顛倒眾生。但是閒聊時才知道「水人無水命」似乎是給彩蓮姊無情的註解，十八歲時，正妹嫁給水泥工的先生，生下二男二女後，原本應是一個幸福的家庭，卻在她三十歲時一場工地意外，使她失去了丈夫，往後的數年，四張嘴就靠她繼承夫業，在工地打零工維持生計。

接著，大兒子十七歲時因爲車禍也離世了；二兒子後來娶了外籍新娘，生下三個孫子，但因兒子好賭，最後也離異收場。另一位女兒是未婚媽媽，生下女兒之後帶回來交給彩蓮姊扶養，然後又和另一個男人在外賃居；另一個女兒則是終年不曾返家，只差沒有報失蹤人口而已。乍看之下，人世間所有的不幸幾乎全都集中到彩蓮姊身上，她一個人在中晚年時還要負責收拾子女的爛攤子，靠著撿拾紙箱、報紙過生活。艱辛的日子偶爾也會有心酸的感受，但大部分的時間，彩蓮姊還是用她那瞇成一線的單鳳眼，笑看每一個身邊的人，她總是盡量避免將自己的悲傷影響別人，但這卻讓人對她更爲心疼。

能在艱困惡劣的環境中時時保持著開朗的心情，彩蓮姊唯一的精神支柱就是來自她家裡的土地公。那是從她婆婆那一代就開始供拜的神像，一開始彩蓮姊對家裡的土地公神像並沒有太多的感覺，她只是按照婆婆的習慣，何時該拜、該燒多少紙錢，依循舊制依樣畫葫蘆而已。

家中遭逢連迭厄運多年，彩蓮姊剛開始時也是哀痛欲絕，她哭喊著爹娘，蒼茫中自怨爲何這麼命苦，她哀慟早年喪偶、也自責爲了生活疏於對子女的管教，乃至最後還要拖著老皮撫養孫子，而她也認爲這一切的起因都該是來自於自己的「業力」所致。

就像很多人的想法一樣：「既然是業力所致，那麼就心甘情願的被業力拖磨。」這種「業力懲罰說」，在早期的宗教觀中已經把每一個人訓練得根深蒂固，始終認爲業力是無法抗拒的壓迫，唯有受它摧殘才是唯一之道。彩蓮姊早先之前，也和友人參加一個功德會，該會每個境遇相同的人，都會用相同的口吻跟她說：「師父說要修、要忍、要磨……」每個人口徑一致，宛如除了飽受折磨之外已經沒有他法。於是她「心甘情願」的去當資源回收義工，假日時她去廟宇當清潔義工，當時的她自認「法喜充滿」，即使是逆境，也在她心中勾勒出非常殊聖的感恩畫面。她眞的感激每一個身邊的人，死去的丈夫、早夭的兒子、逃難般離家的媳婦、毫無責任感的女兒……她把每一個人都當成她修行中的逆境菩薩，於是，她憑著自我良好的感覺，支撐著她過著如同走在鋼索上的每一天。

有一次與她聊到她的遭遇，起初她告訴我她感謝每一個折磨她的人與業力，憑著慈悲的願力，讓她以一種前所未有的平常心接受這一切，並且在她人生的修行之路獲得無數的法寶和智慧。彩蓮姊並沒有讀過很多書，她所說的這一切大部分都是來自與她同病相憐的前輩給予的口耳相傳。於是我問她，如果有一種方法，她一樣可以面對一切，但用的不是以卑賤貧窮爲手段來面對業力的摧殘，而是以另一種方式償還業力，不僅可以達到冥陽兩利的目的，而自己也不用這麼辛苦的活在人間卻自以爲理所當然，假如眞有這樣的方法，她願不願意試看看？

剛開始時，她一口否定的說，不可能有這種方法，我跟她說先別去想可不可能的問題，只要告訴我她的選擇，她不假思索的說：「再笨也要選你說的那種方法。」

千古以來，人們因爲錯誤的以訛傳訛，造成大家認爲業力無法擋，於是，便以「咬緊牙關、接受業力催索」作爲對抗業力的不二法門。但事實卻不然，舉例來說，小學生做錯事被老師罰站，大部分的學生不敢提出交換條件，建議老師是否可以罰他勞動服務以取代罰站，人們對業力的恐懼來自從古至今的謠傳，而像小學生似的不敢以另一種償還方式代替原有的方式，致使大家都以「忍功」對抗業力，卻不知要忍到什麼時候，最後勞苦一生而無所獲。

彩蓮姊和大部分的人相同，對於既定的說法不敢提出不同的看法，於是，我建議她從最基本的接引導神、三赦、三庫做起（方法請參閱拙著《這樣拜才有效》、《這樣拜才有錢》、《好神引導，一拜見效》），於是她順利的接到了她的引導神，並在引導神的同意下，願意幫她度過這爲時多年的難關。而接下來讓我們好奇的是，引導神會怎樣幫她開闢人生的另一條蹊徑？引導神也指示彩蓮姊要拜家裡的土地公要用什麼紙錢等等，這一切都讓我們翹首盼望，彩蓮姊家的一團亂象究竟會出現怎麼樣的一個新樣貌？

有一天，彩蓮姊稀奇寶貝的跟我說她昨晚夢見了過世多年的婆婆，夢中婆婆跟她說，她有一筆錢寄放在田寮伯那裡，要她去領回來。問題是田寮在哪裡？台北市都是高樓大廈，連一片泥土都看不到哪來的田寮？如果田寮是地名，全省最少有一百個田寮，如果是人名，她也從不知道身邊有誰叫田寮伯。討論無果之後，彩蓮姊暗嘲自己是想錢想瘋了才會做這種夢，所以應該是神明笑她「無聊」而不是「田寮」。

但奇怪的事卻發生在兩天後，彩蓮姊那天像往常一樣的到各店家收集不要的紙箱，返家後她開始整理紙箱，卻赫然發現其中一個紙箱裡竟然有一份包裝完整的東西，她打開一看，竟然是全新的新台幣紙鈔！她約略算了一下，起碼有一百萬！她嚇得差點沒從椅子上摔下來，於是，她立刻聯想她兩天前做的那場夢，難道這筆錢就是夢中婆婆說的那筆寄放的錢？這筆錢的出現可以讓彩蓮姊在瞬間解決許多生活上的困難，最起碼可以讓小孫女去上幼稚園。

我問彩蓮姊是不是有一種喜從天降的感覺？彩蓮姊卻說，這筆錢不是她的，她不能因爲那個夢就把錢佔爲己有，打電話給我之前，她早就已經把錢送交派出所處理了。我相信彩蓮姊是個拾金不昧的人，但讓我更佩服的是在她窮途末路的狀況下，她依然毫不考慮的將錢送交，沒有任何猶豫或是起一絲貪念，這才是讓我欽佩她的地方。

事情過了好幾週後，有一天，一直萎靡不振的兒子突然在起床後連早飯也不吃就出門去了，下午回家時拿了一千二百元給彩蓮姊，此後每一天她的兒子都是早出晚歸，一回家就把身上的錢都掏給彩蓮姊，這讓彩蓮姊內心詫異不已，她擔心兒子在外面是不是做了什麼壞事，就算沒做壞事，兒子性格一百八十度的轉變也夠嚇人的。之後沒兩天，女兒也回家了，還跟彩蓮姊說她以後都住家裡。彩蓮姊以爲她又跟男友鬧分手回家暫住，但女兒卻說是她的二哥特地去把她找回來的，二哥跟她說以後他是家裡的一家之主，不准她繼續在外面廝混。彩蓮姊聽得一頭霧水，但對身爲一個母親來說，她隱隱感受到兒子漸漸轉變成熟懂事的喜悅，但她仍然不放心的問女兒，知不知道二哥每天神祕的出門是在做什麼？女兒不經意的說她的哥哥每天都到魚工廠當殺魚工人，彩蓮姊這時才恍然大悟的發現，難怪兒子每一天回來都是滿身魚腥味。

兩個月過去了，有一天兒子回來跟她說，魚工廠的老闆看他工作努力，主動要讓他入股，而且魚老闆知道他沒錢，答應分給他乾股，彩蓮姊這時終於喜出望外的笑出淚來，她高興的並不是兒子在很短的時間內成爲老闆，而是她在很短的時間內撿回一個兒子、一個女兒。

有天彩蓮姊跟我說，她很感謝家裡的土地公，自從她這麼拜土地公之後，她看見了她的子女浪子回頭金不換的表現，這比土地公給她任何的財富更讓她感動，而她始終也想不明白兒子、女兒到底是「吃錯」什麼藥，竟然會在她徹底死心之前改變這麼大？

這個答案後來從她的孫女處得到解答（彩蓮姊一共撫養了七個孫子女），有一天孫女回來說，學校老師教她們查祖源尋根，她根據網路的資料查到原來她們的祖先是來自福建漳州一個叫「田寮」的地方。彩蓮姊一聽，突然想起她的夢，她很自然的想到家裡的土地公，記得婆婆在世時跟她提起過，這尊土地公是祖先從大陸帶過來的，逢年過節她都有拜土地公，要她以後也要繼承下去。因此，往後無論家裡多困難，她都謹遵婆婆的叮嚀，只是識字不多的她從來不知道夫家的祖先是來自哪裡，而現在，她總算知道田寮伯就是她家的土地公，而婆婆夢中的話應該指的就是她在世時燒給土地公的紙錢。

其實彩蓮姊家的情況和我家的情況很類似，都是透過長年供奉和燒紙錢給土地公，最後又得到土地公的回饋與幫助，這使得我深信雖然只是家神，無法給予許多的賜福，但只要憑著誠心，日積月累的膜拜，有一天家裡的土地公也會積沙成塔似的把你虔心供奉祂的功德轉爲福報回饋你。

彩蓮姊曾經語重心長的說，以前的她以爲只要拿香就可獲得神佑，現在她慢慢體會出有方法的拜拜，拿香是一個重要的儀式而不是最後的結果，眞正的結果是來自持香者的初發心。

拜家神土地公求財運的方法其實很簡單，不見得需要很多的四品禮物，但是卻絕對需要虔心與恆心，有了這兩種心意便勝過一切的紙錢。我們可以這樣假設，家神土地公就好像家裡的長輩，逢年過節送紅包給長輩，長輩總會把錢存下來捨不得花用，假如有一天他知道你需要錢，他總是會第一個把錢拿出來資助你。燒紙錢給土地公也是如此，祂總是會在你急需時，偷偷的把平時你燒給他的紙錢轉化爲你所需要的錢財，因此也別埋怨土地公給的太少，那是因爲你平時燒的不多。

家神往往是家族中有功德的祖先榮膺神格之後，宇宙的主宰將家神派往你家，看家神如何幫助家族的子孫，讓每個人都能受道德薰化從而造福人群，若眞能如此，家神便可進一步受封於廟宇堂上。因此，幫助家神受動提升神格，則是我們法會常說的「超脫拔薦」，別怪家神不夠能力幫你大忙，有時想想也是因爲你拜的不用力所致。

向家神土地公求財運需準備的四品禮物

供品：

1、香花一對。

2、五果一份。

3、三牲一份。

紙品：

1、壽生蓮花三朵。

2、環保刈金二包（每包十支）。

3、福金三包（每包十支）。

4、財子壽三支。

5、壽生元寶六百顆（以上）。

注意事項

1、以上四品禮物可以在每月初一、十五或是每月初二、十六使用。

2、每月供奉也可以不用三牲，可改在一年五節或是土地公聖誕時使用。

3、拜家神土地公的禱詞可以不用像在廟裡那樣正式，可以隨心的求，但別忘記要請土地公將你所燒化的紙錢「無形財轉有形財」，助你財運亨通。

商家如何在門口拜土地公求財運

因爲父親生病住院的關係，我才有機會認識看護婦粘太太。印象中的看護婦總是會繃著一張臉，粗言粗語的對病床上的老人家頤指氣使，一天一千元的收入不僅要忍受醫院裡刺鼻的藥物氣味，還得幫動彈不得的老人家把屎把尿，老實說那一點微薄的收入，實在不應該苛責他們冷峻不近人情的面容。

但粘太太似乎有點出人意表，她照顧的病人幾近失智，無法控制的把大便拉在床上，粘太太眉頭也沒皺一下的對老人家說：「拉了好啊，表示你很健康啊！」她用一口川話這麼說，清完穢物後她要幫老人換尿片，又說：「你要把屁屁抬高喔！」說完，粘太太一手環住老人的腰，一手把尿片鋪進老人臀部下，力氣一個沒使好，老人一屁股摔在床上，發出一聲「唉唷」，粘太太趕緊問他有沒有事，老人哼了聲搖搖頭，粘太太又是一口川話說：「早知道你這麼重，我就去拿千斤頂把你撐起來！」說完兩個人都笑了，沒家沒兒女的老人難得的笑出聲來。

趁著閒暇時跟粘太太聊了兩句，她說她是大陸新娘，老家在四川，嫁到台灣已經十多年了，先生家裡是開修車廠，但這幾年生意一落千丈，她爲了補貼家用到醫院當看護婦，我問她每天對著隨時會撒手人寰的老人，她不會變得情緒低落？粘太太搖搖頭說，她老家的父親也差不多這年紀，她把醫院裡的老人當成是她自己的父親般的照料，她偷偷的跟我說，她常跟菩薩說，她會好好照顧醫院裡的病人，也請菩薩要照顧她的父親，因此，當別的看護婦在埋怨工資太少的時候，她卻充耳不聞的埋頭苦幹。

在大陸會拜神的人口並不多，而會像粘太太一樣懂得跟神佛「交換」的人更少，她不在乎一點點的工資，卻願意爲了自己的父親而悉心照料她手上的每一個病人。有一次無意中聽到她和她的先生講電話，電話中她勸先生乾脆把修車廠關了，再找其他的工作來做，先生似乎不同意，但又好像很無可奈何。電話掛斷後我又跟她聊了一下，才知道夫妻倆正爲了一年一次的店租在煩惱，粘太太覺得既然生意不好乾脆收掉，但先生覺得以他的年紀把工廠收掉，五十多歲的他也找不到其他工作，先生說想去開計程車，粘太太擔心先生安危所以也不贊成，爲了前途，夫妻倆正是煩惱不已。

俗話說：「貧賤夫妻百事哀」，很多人擁有一身的好本領，也願意刻苦耐勞，偏偏時不我與無法力拚經濟，更不知何去何從。有一天，正當我外出幫父親買午餐的時候，意外發現賣滷肉飯旁邊的修車廠站著熟悉的人影，那人影轉過身來還跟我打了招呼，我這才看清楚原來是粘太太。她正忙著把用過的機油盒子踩扁，我環視一下他家的修車廠，規模不算小，粘太太說以前生意好時，一次有七、八輛車在等著維修，那些年他家也賺了不少錢，但有一次先生幫他的弟弟作保，誰知弟弟負債落跑，債務由她先生一肩扛起，但生意這時卻每況愈下，讓他家倍感艱辛。我問粘太太他家平常開店有沒有在門前拜土地公？粘太太回答說有啊，都是跟著鄰居拜，後來也拜成習慣。

我再次看了一下車廠四周，給了粘太太幾個轉換風水的建議，並且告訴她店裡的土地公希望她多化一些紙錢給祂，祂會想辦法幫他們轉化財運。我問她要不要試看看？粘太太猶豫的說，她是很願意試，但她擔心遠水救不了近火，我則告訴她別擔心，該來的總是會來，最好的開始就是現在。

隔天一早到醫院時，粘太太跟我說她已經按照我的建議，把廠裡的櫃子、櫃檯全部乾坤大挪移，而且她準備下午請假回家拜土地公，交代完她還很捨不得的說：「紙錢好貴喔！」我笑了笑跟她說：「值得的！」順手把幫她寫好的稟文交給她，要她拜土地公時照著稟文唸，再把一切程序交代清楚，她擔心記不住還一一的抄下來。

到了晚上，粘太太又跑來醫院，把我拖到一邊小聲說：「我家出事了！」她的話把我嚇一大跳，她說下午她按照我的方式在門口拜土地公，燒完紙錢時已經下午四點半左右，正當她在收拾供品時，來了一位同行舊識，跟他的先生說他接了計程車隊的維修契約，但一個人吃不下來，想找她先生一起合作。

同行提出的條件很不錯，願意先付給他們一部份的契約金讓他們先購買汽車材料，她和先生兩人算一算成本，剩下來的錢正好可以支付他們正在煩惱的租金問題。

粘太太又驚又喜的把事情說完，還順道問我：「這事兒怎麼這麼邪門呀？到底是顯靈還是巧合？」我告訴她應該是她的善心感動了老天爺，所以幫他們輕輕一揮就把問題解決了。粘太太後來自問自答的說：「絕不可能是巧合，一定是神蹟！」後來她還問我要怎麼樣才能把神蹟繼續拜出來？我隨手送了她我的三本書，並告訴她按照書中教的方法去做，好運就會一直來。

這是二〇一一年九月初發生的事，後來父親出院後就再也沒見到粘太太了。日前返台回家，我還特意經過粘太太家的車廠，果然門口排著數輛計程車，想來在土地公的眷顧下，他們的生意的確有了起色。正準備走時，又被粘太太看到，她一看到我就立刻大聲叫住我，幾乎是用跑的速度奔向我，她跟我說她已經辭去醫院看護婦的工作，全心幫先生照顧修車廠的生意，她還說她照

著書裡的方式逐一的去拜拜，同時也感染了她先生，夫妻倆閒暇之餘就會一起到廟裡參拜。粘太太笑說，現在她先生比她還「迷信」，每個月在門口拜土地公都是她先生在準備四品禮物，她想插手先生還會嫌她笨手笨腳不讓她做。說著說著，粘太太一臉開心的咯咯笑個不停，看來不僅生意穩定了，老夫妻間的感情似乎也更加緊密了。

商家每逢初一、十五，初二、十六在店門口拜土地公求財，很重要的關鍵就是紙錢的數量，之前曾有一位讀者來信說，他從事日本料理工作，按照我告訴他的紙錢數量每月拜土地公時，生意仍然不見起色，起先我也想不出是什麼原因，後來我問他每次奉拜用哪些紙錢以及數量，才發現他因爲記錯數量而使得紙錢量大減。於是我建議他把數量修正過來，過沒多久他便來信說，他因爲記錯所以少燒很多紙錢，他覺得很愧對土地公，於是一發狠把紙錢數量增加一倍，沒想到當晚生意就嚇嚇叫，他把這事告訴隔壁賣海產的朋友，朋友如法炮製，想不到效果也是出奇的好！現在他們兩人決定一起團購紙錢，一心要把他們的財運燒旺。

在店門口拜土地公求財需準備的四品禮物

商家在門口拜土地公求財時，有一個很關鍵的步驟要做，那就是求財之前必須先「施財」。所謂的「施財」就是以五色豆或是白米，請土地公施化給商家附近的路頭神，再請他們牽引貴人入店消費。

供品：

1、花一對。

2、五果一份。

3、三牲一份。

4、餅乾、糖果各一盤。
5、白米一盤（也可以用五色豆代替）。
6、礦泉水三瓶。
7、白酒三杯。

紙品：

1、四色金三份。
2、刈金十包（每包十支）。
3、福金十包（每包十支）。
4、壽生元寶一百零八顆。
5、壽生蓮花六朵。
6、黃錢十支。
7、白錢十支。

拜拜步驟

1、將供品全部擺好，置於案桌上。

2、點香恭請本地福德正神駕臨，向其稟告今日備辦四品禮物恭請鑒納，並祈助所經營的生意財源廣進，以福德正神的神威，引八方貴人助你財源滾滾。

3、語畢插香，總共需上三次香、斟酒三次。

4、第三次香燒至三分之一時，開始擲筊請示是否可以燒紙錢，若得「聖筊」則可燒化，若得「蓋筊」則稍待十分鐘後再請示。

5、紙錢燒化後，米或五色豆可酌量捻一小撮丟入金爐內燒，其餘的可散於路面上，請路頭神享用。

6、三瓶礦泉水請灑於店家附近的路面，爲請福德正神引貴人開財路之意。

7、三杯清酒繞著金爐倒盡。

8、全部結束後即可收拾供品。

如何在土地公廟求財運

一般人都認爲到福德正神廟大部分都是期望福德正神能賜財，但這裡要說的故事，卻是福德正神要還錢給信徒的眞實故事。信徒余大哥原本是我的讀者，後來熟了之後變成朋友，最早之前，余大哥從事的是醫院的護理工作，以前他曾以讀者的身份找過我，那時的他已經許多年無法好好入睡，即使是服用安眠藥也是劑量越吃越多，後來幫他找到原因，發現他是中了所謂的「喪煞」，於是我請他自己好好想一想是從何時開始無法入睡？那時的他是否有遇到什麼奇怪的事情？

所謂的「喪煞」，是指一個人運勢低落時，又被強烈的喪氣所沖剋，導致靈體能量潰散而影響肉體的精神，有些人是大病一場，有些人則像余大哥一樣長期無法入眠。

余大哥經我提醒，突然想到那是他還在醫院當護士的時候。有一天晚上他在睡夢中被叫醒，趕往急診室幫一個自殺的患者急救，他到現場打開布簾的那一剎那，患者突然朝他吐了一口鮮血然後就暴斃身亡。余大哥對這突如其來的刺激嚇得倒退三步，從那時起他就開始無法入睡，由於工作的關係，身上沾滿患者的鮮血是常有的事，他也不甚在意，因此根本沒想過他的失眠是與那位自殺身亡的患者有關。但從那時起，他就因身體不適每日精神恍惚而無法工作，最後不得已只好離開醫院，他也曾經尋求各種精神科的治療，但一直未見效果。

後來我建議他用宗教的方式試看看，沒想到那天拜完後他回家倒頭就睡到隔天下午，似乎是把過去沒睡足的時間一次補回來。自此以後，他開始對拜拜產生極大的興趣，也試著以他的醫學知識去理解拜拜的療癒過程中，是否也包含著類似的深層催眠，而我也期待他能早日找到宗教裡的神祕答案，因此，便帶著他展開了三赦、接引導神之旅。

在拜拜的過程中，余大哥也從一名失業者轉行成爲咖啡豆烘焙專家，只是同行者眾，要開發客源並不是容易的事情。我記得他的引導神是三官大帝中的地官，於是我建議他去請地官引導神助他財源廣進。到了地官面前時，地官叫余大哥去找福德正神，我們接著請示地官這是什麼原因時，地官示現「笑筊」，彷彿笑而不答一樣。於是我們抱著半信半疑的心情，乖乖的去了一家常去的福德廟，奉拜時也是按照平時拜拜的說法，請福德正神將無形財轉有形財等等。但在擲筊時，卻屢屢得到「蓋筊」，這讓我不得不把地官搬出來，向土地公稟報是受了地官的指示前來，要請福德正神指示如何增加事業上的財運。

提到「無形財轉有形財」時，土地公的筊無論如何都是「蓋筊」，這是我們一般拜神時很少遇到的狀況，但隱約中卻又彷彿看見土地公的確是有一筆財要給他。後來我「斗膽」請示，是否這筆財是要「給」而不是「贈」他？沒想到此時終於獲得一「聖筊」，後來又經我的交叉請示後，得出一個故事的輪廓：原來在某世輪迴時，這間福德廟的土地公與余大哥曾是好友，那時尚是俗人的土地公曾經向那時的余大哥借過一筆錢，土地公一直想把錢還給余大哥，但因時機未到所以一直無法償還，現在終於有機會把這筆「欠款」清償。就這樣，在一連串「聖筊」的確認下，我們終於知道這筆錢是物歸原主，而不是土地公要賜給余大哥的有形財。

同樣的例子也讓我想到大陸的台商快樂姊，在她時運不濟尚未找到工作時，也是在地藏王的指示下，到杭州靈隱寺請濟公把前世所欠的人情還給快樂姊，讓快樂姊「巧合」的在獲得人情歸還後沒多久，找到另一個更高薪的工作。

只是土地公還錢一事讓我不禁懷疑還錢的適當時機是何時？經過土地公的指示後，我約略能夠明白，一個人的業力如果沒有化清，那麼土地公所欠的這筆錢，就算想歸還也會被擋在門外；而另一個解釋則是土地公所說的還錢適當時機也許不在此刻，只是因爲余大哥急需轉財運，才會在引導神的指示下，先來請土地公歸還欠款。

神欠人錢的事情說眞的我還是第一次遇到，覺得莞爾之餘，更覺得福德正神的信譽眞是讓人讚佩！於是我們依照土地公的指示，買了所需的四品禮物辦理欠款的「過戶」手續（等同於天地運財的形式），余大哥還開玩笑的說，欠款還沒收到就要先花收款的費用，但事實上余大哥這筆錢並沒有白花，首先是他的上游廠商打算結束營業，願意用低於一半的價錢讓他收購咖啡豆，雖然余大哥沒這麼大的銷量，但爲了讓上游廠商順利的解決債務問題，他還是硬著頭皮吃下全部存貨。

接下來他要傷腦筋的是他該怎麼幫這些貨找到買家，但就在咖啡豆即將入倉的時候，突然傳來產地發生災情，致使咖啡豆產量銳減的狀況，許多同行需豆孔急，紛紛來找余大哥進貨，於是，咖啡豆又在極短的時間內全部銷售一空。余大哥望著存摺裡的數字幾乎傻了眼，直說這種「好康」他一輩子也遇不到一次。

拜神貴乎誠心，而不是拜完之後以守株待兔的心情等待好運降臨。從另一個角度來說，拜神求財並不是拜拜的眞正意義，求財只是過程而非終點，神明將財賜予有福、有緣之人，主要仍是希望獲得神恩的人不以此而自傲，反而記取「豐年多取不爲寶、歲飢求盈實可憐」的囑咐，在擁有神賜的錢財之後，也能以人飢己飢的心腸廣施功德，如此下來，不斷的行功造德、不斷的接受神恩庇佑，如此形成一個良性的循環後，好運與財運自然會源源不絕而來。

到土地公廟求財運需準備的四品禮物

供品：

1、花一對。

2、五果一份。

3、寶燭一對。

4、紅圓或紅粿三個。

5、礦泉水一瓶。

紙品：

1、四色金十二份。

2、環保刈金六包（每包十小支）。

3、環保福金十二包（每包十小支）。

4、壽生元寶八百顆。

5、壽生龍船一座。

6、壽生蓮花三十六朵。

7、黃錢三十支。

8、白錢三十支。

9、巾衣二十支。

10、甲馬二十支。

11、功德單一份。

12、黃錢十支（給虎爺）。

13、白錢十支（給虎爺）。

14、補運錢三十支（三包）。

注意事項

1、中南部地區如果找不到刈金，可以用「二五仔」、「四方金」代替，數量相同。

2、相傳，龍船一般是請土地公運財之用，原本沒有這一項，後來請示後才加入的。

3、補運錢如前述需蓋手印（男左女右蓋上大姆指印），並將一個五十元硬幣置於其上，完事後將五十元硬幣攜回，即是所謂的「發財錢母」。

4、拜拜的順序仍如前章各節的順序，重點是要請土地公幫你「無形財轉有形財」。

5、虎爺的黃錢與白錢如前面章節所說，置於虎爺案前，不用燒化。

屏東福安宮土地公神蹟

說起屏東車城福安宮的土地公，一般人對祂的印象有二：一是全省最大的土地公廟，另一則是把紙錢放在金爐口，便可藉著熱氣把金紙一張一張吸入爐內燒爲灰燼的金爐。當然，號稱全省唯一受清朝康熙皇帝賜封權杖、龍袍的三百年往事，也是福安宮福德正神爲人所津津樂道的事蹟之一。

本書前面曾提到，福德正神的職掌範圍非常繁瑣，幾乎任何大小事情都脫離不了需要土地公的庇佑。而在人們所關心的事業、工作、財運的領域裡，基本上就可以區分爲「天富福德正神」與「地藏福德正神」。

「天富福德正神」掌管事業與工作的機運與榮枯，「地藏福德正神」則管理財運的多寡與盛衰。而福安宮的福德正神則兼具「天富」與「地藏」的神能，故而能在三百年來依舊香火鼎盛、信眾盈門，每年的福安宮重要慶典，總是吸引很多全省各地的信徒返宮普讚。

有趣的是，據說該廟的福德正神在每屆慶典時，都會親自前去通知信徒，要他們別忘記回宮一起參與盛典。如果依照福德正神信徒眾多的情況來看，祂老人家其實大可不必「舟車勞頓」的去通知他相中的人回宮，不過這倒是讓我聯想到有時我們帶人去拜拜時，得到A廟神尊的指示，要去B廟請某神處理某事，在處理圓滿之後，我們仍然必須要回到A廟再次向指示的神尊道謝。在靈山派的說法中，將這稱爲「繳旨」，意思是回稟神尊一切事情已經按照祂的意思處理圓滿。

如果曾閱讀筆者拙作《這樣拜才有錢》的讀者，應該都知道求財運之前要先做「三赦」，其中最後的「天地度化」原本是沒有的，後來也是在福德正神的提示下，請觀音菩薩作主，將「業力群」接引至觀音淨土，而使得三赦的功能更臻圓滿。

猶記得那時風塵僕僕的和朋友一路南下到屏東拜見福德正神，當晚便順道住在香客大樓內，那晚我夢見穿著龍袍的福德正神笑吟吟的到來，祂應該是說了很多話，但夢中醒來只記得其中的一句：「無三不成禮，慈航收圓滿。」當時的我並不了解這句話的意思，而我也只是把這當成是一般的普通夢境，但巧合的是同行友人也在隔天跟我說他夢見土地公，穿著打扮與我夢中所見十分類似，我問他土地公有沒有跟他說什麼？他說好像有但他記不起來。

要離開福安宮之前，我們又去跟福德正神道別，奉拜時我也順便稟告土地公，若是祂有事指示請祂再次提點，否則單是靠簡單幾個字的記憶，的確無法明白神意。稟告才剛說完，旁邊的友人突然開口問我：「地赦可不可以在這裡請土地公辦？」這眞是一個讓人哭笑不得的問題，我不明白他都已經拜這麼久了，怎麼還會問這種傻問題？但在那一剎那間我立時想到「無三不成禮，慈航收圓滿」，莫非這是土地公的指示？除了辦天赦、地赦之外，還必須去請觀音（慈航）辦第三件事（無三不成禮）？

領悟到這道理後，我立刻向土地公擲筊請示，土地公先是「笑筊」，接著便是一連串的「聖筊」。接下來的問題就是要請觀音處理什麼事才會「收圓滿」，爲了這事我們反覆的問了許多遍，最後在廟中看到一個景象才體會到「天地度化」。

當時正想著如何可以「收圓滿」時，廟裡一個小孩正好哭了起來，媽媽止不住他的哭聲，故意把他丟下走開，小孩哭得更大聲了，還邊哭邊叫媽媽，一會兒媽媽走過來抱起他，小孩便不哭了。

看到這情形使我聯想到天赦、地赦都是爲了處理「業力」而辦，化清了與業力間的恩怨情仇之後，雖說與業力「恩怨兩停」，但業力是屬於尚未輪迴的靈魂體能量，如果能透過觀音菩薩的願力接引至淨土，豈不是更爲完美？彼此不打不相識，再送他一趟淨土旅程，未來修成正果，大家因此締結善緣才是所謂的圓滿呈現。

靈機一動，我便將這些想法請求福德正神示現指示，福德正神開心的給予一連串的「笑筊」，因此，這便有了「三赦」的產生。

「天地度化」是三教中耗費紙錢最少的一環，但也是最重要的一環，憑藉著眾佛陀發願爲眾生承擔業力的功德，將業力送往佛國淨土，對祈求行功造德換取人間富貴的人來說，佛陀、菩薩的慈悲果眞是法喜充滿、無比殊勝。

作者的話

福德正神吸金法

——行功造德在前，財福富祿在後

神奇的福德正神「啵比」的對象並不僅止於老闆或是創業者、店家，任何一個人只要對福德正神懷有堅定不移的信念，就必定能獲得福德正神的賜福。小至中彩券、求事業、求偏財、正財，甚至上班族不分內外勤，只要有求於土地公，加薪、獎金的機率必定大大提高。

若干年前有位做業務的朋友，從他做業務的第一天開始，前輩們就對他面授機宜，告訴他做業務的不二法門除了衝衝衝之外，就是每個月初一、十五固定去找土地公報到！他親眼目睹前輩的輝煌戰績，對前輩的一番告誡自然奉行不疑，每逢初一、十五就按照前輩的拜法前往土地公廟誠心祝禱。

但是數個月過去了，他似乎沒有感受到土地公的特別眷顧，他的業績依然死氣沉沉，幾度他甚至懷疑是否應該轉行跳槽，但他又很不甘心數個月的努力學習付諸流水。這時他突發奇想，會不會是前輩「蓋步」，某些重要的關鍵沒有交代清楚，使得他的祈求無法上達天聽？於是他偷偷注意前輩的小撇步，但是觀察了老半天也不見有何殊異之處，最後，他下了一個結論，那就是土地公「偏心」挑人照顧。

爲此他暗自小小的生氣了一下，並且賭氣的再也不去那家香火鼎盛的土地公廟祈求，轉而聽從另一位朋友的建議，到基隆某間私人宮廟請求神明垂憐。這家宮廟的宮主本身是一位乩身（自稱可與神明溝通的翻譯人員），乩身得知他的來意之後，先是告訴他事業一蹶不振的原因，肇因於他家的祖先牌位有雙姓的問題。

「雙姓問題」是很多人問事時經常會聽到乩身所回答的答案。根據我多年的跑廟經驗，一個人如果運勢狼狽時，宮廟的乩身大多回覆的答案會是：一、祖先雙姓；二、祖墳被沖；三、祖先牌位異動；四、後面跟著飄哥、飄妹。

朋友所獲得的答案也是如此，因此便開口問乩身該如何處理他的祖先雙姓問題，讓他可以盡速改善目前的工作成績。乩身大哥模稜兩句後，提出他的錦囊妙計，他要朋友依照神的旨意，在公司的辦公桌上擺上一個聚寶盆，而乩身大哥這時又從神龕後面小心翼翼的取出兩隻銅塑麒麟，號稱是經他千里迢迢自海外請回的瑞獸，將祂放在聚寶盆上迎至辦公桌，自然可以改善他雙姓祖先的追索，並且增進業務財源。

朋友如獲至寶似的一路護送法器回台北，隔天一大早趁同事還未進公司之前，按照乩身的指示選擇吉時鎮座安財。當然，天下沒有白吃的午餐，朋友請回麒麟聚寶盆所付出的「結緣價」也是數萬之譜。

工作還沒有進帳，卻已爲了「得之不易」的聚寶盆而動用老本，朋友每日恭敬謹慎的唸著乩身教他的「養財咒」，一心巴望著有一天辛苦畜養的麒麟神會爲他運來出人意表的財寶。然而，時間一天一天的過去，他的業績依然沒有明顯的進步，他自忖他的專業知識、服務態度並不輸給任何人，但他不懂究竟是那個地方的發條沒上緊，總是覺得衝勁有餘後勁不足，往往十拿九穩的業務，最後卻因欠缺臨門一腳無疾而終。這是他百思不得其解的地方，他在人生最徬徨的時候還曾無奈問天自嘆：「神啊！給我一個失敗的理由吧！」

人們依賴神恩，基本上是因爲求神的那一剎那內心是無助的，總是希望在最軟弱無能的時候，能從神明那兒獲取一點溫暖。然而拜拜多年，慢慢的發現「求神」與「拜神」表面上看似一樣，但仔細斟酌卻還是有不同的內涵。

「拜神」，或者可以理解爲泛指一切的庇佑，例如大部分的人總是會持香說：「神啊！求祢保佑我工作順利、財源滾滾……」言下之意似乎把自己的盛枯榮衰全部交給神明處理，這樣的膜拜其實很不理性，面對無法開口對你說任何一個字的木雕神像，能夠開口的你自然必須把你的問題、期許，一字不漏的在神像面前提出，這才是所謂的「求神」。

「求神」就好像拿著企畫書去廟裡找神明提案，透過擲筊的方式，向神明提報並說明你的「企畫案」。提報的重點不外是告訴神明你的身份、從事的工作、目前遇到的問題、希望如何請求神明幫助、希望得到什麼樣的實現，同時也要向神明提出，如蒙神助，你將如何回饋神明的恩澤，並且持續的執行不輟。

所謂的「回饋神明恩澤」，並不是向神提出你將捐獻多少錢做爲回饋，你想想，錢財的獲取對神來說是何等輕而易舉之事？否則你也不會跪在祂面前祈求祂助你財源廣進。反之，你可以想想，神最需要的回饋是什麼？話說，「人爭一口氣、佛爭一炷香」，這一炷香指的就是「香火鼎盛、受人膜拜」。

白話來說，與其分點小利小益對神明表達感激之情，還不如以神之名宣揚神威，也就是在獲得祂的神恩庇佑之後，廣為宣傳祂的靈驗度和有求必應，以增加祂的信徒人數達到香火鼎盛的目標。如此一來，你的「提案」就會獲得神明的激賞，因為你成為祂的代言，廣為宣傳神威，而祂則彈指應化為你轉化財運機會。

這就是「求神」具體靈驗的最好方法！別說神明大小眼扶起不扶倒，事實上往往是因為人們急功好利，而忽略了與神協調的「眉角」。

朋友也是犯了相同的錯誤，他很單純的以為他的心事神明都知道，所以一定會幫他達成目標。但這樣的想法卻是個笑話，無所不能的神當然知道你有所求，但你若沒有充分表明你的需求，又提不出方案，也沒有任何讓神滿意的交換條件，即使祂知道，祂也有權力同意或拒絕你的要求。

朋友聽了我的「詳細解說」之後，毅然放棄他的麒麟聚寶盆，改弦易轍再回到土地公廟請求福德正神助他一臂之力，他對福德正神說，如果福德正神的神威可以庇佑他業務向上提升，他願意每個月從他的收入中撥出百分之二，或者捐給廟裡添香油錢，或者以土地公之名捐助善款濟助弱勢團體，以答謝土地公以祂的功德轉為他的福報受他領用。

這裡要注意的是，朋友所求的是「業務興隆」，所謂「業務興隆」就是指他依然付出他的努力，而請土地公幫忙的是給他一個能讓他努力的舞台，讓他順風順水、諸事順遂，而不是請土地公賜他一筆天降橫財。大凡正統正道的神尊從來不會平白無故的扛著一堆金銀財寶送去你家，**神給的是機會，讓你在你的工作領域內貴人親近、小人遠離，其他仍然得靠你自己的努力付出。要記得，天下真的沒有白吃的午餐，守株待兔不事生產的人，是絕對不可能獲得諸神的垂憐或幫助的。**

朋友如法炮製約一星期之後的某天中午，公司同事大都出外用餐，只剩他和兩三個同事一起留守，這時來了一位很土氣的老年人，忙著吃飯的同事不想被這鄉下人般的「歐吉桑」打擾，紛紛端著餐盒到會議室用餐，朋友有點氣同事狗眼看人低，便自告奮勇的趨前請問老人家需要什麼幫忙。沒想到老人家一開口就說他想要幫他三個兒子各買一部車，朋友眼神爲之一亮，立刻拿出十足十的幹勁熱心的招呼客人，兩人相談甚歡之下，朋友才得知這位「鄉下歐吉桑」其實是一家物流公司的老闆，此後，這位老闆公司的用車也都委託朋友幫忙處理。

朋友喜出望外，心想這次眞的獲得福德正神的鼎力相助，那一個月他成了公司的金牌業務員，往後的數個月他也獲得極佳的業務成績，而他也依言提撥他的收入以福德正神之名捐助出去。有趣的是，有一次，朋友和他的前輩在土地公廟不期而遇了，前輩這時已跳槽到別家公司，業績依然是頂呱呱嚇嚇叫，他站在前輩的旁邊，忽然聽到身邊的前輩對著土地公喃喃唸道：「弟子今日捐出本月所得○○○○元，開立功德單一張敬請鑒納……」

朋友愣了一下，終於在此時明白當時他所懷疑的「蓋步」，原來就是指「功德」轉「福報」這件事，他並不怪當時前輩沒跟他交代清楚，反而感謝因此讓他在挫折中不自覺的走向對的方向。

廣義來說，雖然大家對錢財都視如己命，但是，錢財終歸不過是財富的一部份而已，比錢財更重要的財富應該是健康的身體、和諧的親情、友情、愛情等等。而這些圓滿如果以「福報」來概括的話，站在因果論的立場，人們需要的便是以「功德」來換取「福報」的增加。「功德」二字聽起來很有宗教味道，但功德並不一定是指侍奉神明，而是以神明之名多行善事，所謂的「積善之家必有餘慶」就是這個道理。

福德正神固然具有大神威可以幫助世人心想事成，但如本書前面所說，福德正神並非一開始就很有錢，而是祂一開始就很有「德」（功德），後面才很有「福」（福報）。神況且要先行造德而後積福，何況身爲肉體凡胎的我們？在神的面前伸手就想祈求施捨，而不思自己何德何能的人，在神的面前豈不汗顏？

國家圖書館出版品預行編目資料

這樣拜土地公才有效 ／王品豊著 . -- 初版 .-- 臺北市：春光出版：家庭傳媒城邦分公司發行，民101.01
面 ； 公分. --
ISBN 978-986-6572-88-3（平裝）
1. 土地公 2. 民間信仰
272.21 100027448

這樣拜土地公才有效（全新封面版）

作　　者／王品豊
企劃選書人／劉毓玫
責 任 編 輯／劉毓玫

版權行政暨數位業務專員／陳玉鈴
資深版權專員／許儀盈
資深行銷企劃／周丹蘋
業 務 主 任／范光杰
行銷業務經理／李振東
副 總 編 輯／王雪莉
發　行　人／何飛鵬
法 律 顧 問／元禾法律事務所　王子文律師
出　　版／春光出版
台北市104中山區民生東路二段 141 號 8 樓
電話：(02) 2500-7008　傳真：(02) 2502-7676
部落格：http://stareast.pixnet.com/blog
E-mail：stareast_service@cite.com.tw
發　　行／英屬蓋曼群島商家庭傳媒股份有限公司城邦分公司
台北市中山區民生東路二段 141 號11 樓
書虫客服服務專線：(02) 2500-7718．(02) 2500-7719
24小時傳眞服務：(02) 2500-1990．(02) 2500-1991
服務時間：週一至週五9:30～12:00．13:30～17:00
郵撥帳號：19863813　戶名：書虫股份有限公司
讀者服務信箱E-mail: service@readingclub.com.tw
歡迎光臨城邦讀書花園　網址：www.cite.com.tw
香港發行所／城邦（香港）出版集團有限公司
香港灣仔駱克道 193 號東超商業中心 1 樓
電話：(852) 2508-6231　傳眞：(852) 2578-9337
E-mail : hkcite@biznetvigator.com
馬新發行所／城邦（馬新）出版集團【Cite(M)Sdn. Bhd.(458372U)】
11, Jalan 30D/146,Desa Tasik,
Sungai Besi, 57000 Kuala Lumpur, Malaysia.
電話：(603) 9056-3833　傳眞：(603) 9056-2833
E-mail：cite@cite.com.my

封 面 設 計／黃聖文
內 頁 排 版／浩瀚電腦排版股份有限公司
印　　刷／高典印刷有限公司

■ 2012 年（民 101）1 月 31 日初版
■ 2023 年（民 112）6 月 1 日二版1.6刷
Printed in Taiwan

售價／260元

城邦讀書花園
www.cite.com.tw

ISBN 978-986-6572-88-3
EAN 471-770-290-289-6

廣　告　回
北區郵政管理登記
台北廣字第000791
郵資已付，免貼郵

104台北市民生東路二段141號11樓

英屬蓋曼群島商家庭傳媒股份有限公司
城邦分公司

請沿虛線對折，謝謝！

愛情．生活．心靈
閱讀春光．生命從此神采飛揚

春光出版

書號：OC0062X　書名：這樣拜土地公才有效（全新封面版）

請於此處用膠水黏貼

讀者回函卡

謝您購買我們出版的書籍！請費心填寫此回函卡，我們將不定期寄上城邦集團最新的出版訊息。

姓名：________________

性別：□男 □女

生日：西元________年________月________日

地址：________________

聯絡電話：________________ 傳真：________________

E-mail：________________

職業：□1.學生 □2.軍公教 □3.服務 □4.金融 □5.製造 □6.資訊

□7.傳播 □8.自由業 □9.農漁牧 □10.家管 □11.退休

□12.其他 ________________

您從何種方式得知本書消息？

□1.書店 □2.網路 □3.報紙 □4.雜誌 □5.廣播 □6.電視

□7.親友推薦 □8.其他 ________________

您通常以何種方式購書？

□1.書店 □2.網路 □3.傳真訂購 □4.郵局劃撥 □5.其他 ________

您喜歡閱讀哪些類別的書籍？

□1.財經商業 □2.自然科學 □3.歷史 □4.法律 □5.文學

□6.休閒旅遊 □7.小說 □8.人物傳記 □9.生活、勵志

□10.其他 ________________

請於此處用膠水黏貼